COLEÇÃO
TEMAS & EDUCAÇÃO

Estudos do cotidiano & Educação

Inês Barbosa de Oliveira
Paulo Sgarbi

Estudos do cotidiano & Educação

autêntica

COORDENADOR DA COLEÇÃO
Alfredo Veiga-Neto

REVISÃO
Cecília Martins

EDITORAÇÃO ELETRÔNICA
Conrado Esteves
Tales Leon de Marco

AUTÊNTICA
BELO HORIZONTE
Rua Aimorés, 981, 8° andar . Funcionários
30140-071 . Belo Horizonte . MG
Tel: (55 31) 3222 68 19
TELEVENDAS: 0800 283 13 22
www.autenticaeditora.com.br
e-mail: autentica@autenticaeditora.com.br

Oliveira, Inês Barbosa de

Estudos do cotidiano & Educação / Inês Barbosa

de Oliveira, Paulo Sgarbi. — Belo Horizonte: Autêntica Editora, 2008. — (Coleção Temas & Educação)

Bibliografia.

ISBN 978-85-7526-316-7

1. Educação - Finalidades e objetivos

2. Pesquisa educacional I. Sgarbi, Paulo.

II. Título. III. Série.

08-02613

CDD-370.72

Impossibilitados, desta vez, de agradecer um ao outro pela inestimável e imprescindível ajuda, pois ela estava prevista nessa parceria, gostaríamos de agradecer aos nossos companheiros de caminhada, pela presença, ajuda e solidariedade nos diferentes e enredados momentos que conosco compartilham. Particularmente à nossa amiga Nilda Alves, pela histórica e cotidiana presença na nossa trajetória de cotidianistas. Ao Alfredo, pela oportunidade e confiança.

Sumário

Apresentação

Os estudos do cotidiano ganham cada vez mais espaço na pesquisa em educação no Brasil, não só pela ampliação de grupos e de pesquisadores envolvidos com esse campo como também pela maior visibilidade que esses grupos e estudos vêm assumindo no cenário educacional brasileiro. Entretanto, muitos são ainda os mal-entendidos e incompreensões que rondam o campo, em virtude do modo como o próprio termo é percebido no domínio do senso comum. Apesar disso, o campo vem se desenvolvendo, tanto em sua especificidade de campo da sociologia quanto nas diferentes apropriações que fazem dele pesquisadores de diferentes áreas e notadamente na educação. Considerando esse panorama, a presente proposta foi elaborada. Trazer para esta apresentação um pouco do histórico do processo de sua gestação nos parece relevante, até porque ela ajuda a compreender escolhas que fizemos na organização e tratamento do tema.

A idéia deste livro começou a surgir quando, nos nossos intermináveis diálogos, a maior parte deles regados a muitos *chopps*, discutíamos de modo cúmplice a reflexão de Paulo a respeito do "cotidianismo" que ele percebia em autores ditos modernos e da abordagem que faria disso em sua tese de doutorado (Sgarbi, 2005), buscando historicizar o desenvolvimento desses diferentes modos de pensar, identificados como modernos ou pós-modernos, em relação aos estudos do cotidiano. A cumplicidade entre nós era anterior a esses eventos e continua até hoje, mas aquele foi um momento privilegiado dela, porque além de amiga e cúmplice Inês era membro da banca de avaliação da tese, na qual a "promessa" foi cumprida. Começamos a considerar mais consistentemente a possibilidade quando, aborrecidos com algumas das críticas endereçadas aos nossos textos e reflexões, pensávamos na necessidade de publicizar tudo o que vínhamos *pensandofazendo* sobre a educação, nas nossas pesquisas e nos nossos textos, a partir dos estudos do cotidiano.

Sobretudo nas reflexões desenvolvidas por Inês (OLIVEIRA 2003, 2004, 2006 e 2007b) estava presente a importância desses estudos para pensar a emancipação social, mais precisamente as práticas sociais emancipatórias, ao contrário do que dizem alguns de nossos críticos, e as relações entre as novas epistemologias e a emancipação social.

Com isso, tínhamos em mãos a possibilidade de apresentar aos educadores e pessoas interessadas na relação entre cotidiano, emancipação e educação um livro que trouxesse uma reflexão histórica a respeito desses estudos e seus vínculos com a educação juntamente com outra reflexão, mais voltada para as relações dos estudos do cotidiano com a emancipação social e sua contribuição para o pensamento e as práticas educativas emancipatórias. A recepção de nosso querido interlocutor e amigo organizador desta coleção, Alfredo Veiga-Neto, à nossa idéia, a ele apresentada na Reunião anual da ANPEd de 2006, foi o sinal verde que nos faltava. Mas ao contrário do que possa parecer, foi aí que as dificuldades começaram a surgir, no processo de distribuição de tarefas e organização concreta do trabalho.

A primeira dificuldade que enfrentamos foi então a de, respeitando nossas especificidades, de estilo e de tema, transformar nossas reflexões, algumas delas já anteriormente abordadas em trabalhos apresentados e publicados, em um novo todo, diferente do já feito, e organicamente estruturado como novidade em relação ao já feito. No que dizia respeito à tese de Paulo, parecia-nos importante manter a abordagem criativa e original escolhida naquela ocasião, primeiro porque esse é um estilo caro ao autor, mas também, e sobretudo, porque seria trair nossos propósitos e convicções transformá-lo, artificialmente, num texto em primeira pessoa do plural. Assim, decidimos manter, na primeira parte do livro, o estilo e a abordagem escolhidos por Paulo para sua tese, mesmo quando, no processo de diálogo que mantivemos para dar a ele seu formato final, Inês interveio.

Depois, era difícil fazer escolhas. Muito já pensamos, dissemos e escrevemos sobre estudos do cotidiano, educação, emancipação, modernidade e outras epistemologias. O que escolher e o que tratar neste volume era uma verdadeira questão a ser resolvida. Um depoimento de Inês nos ajudou, quando ela lembrou que João Cabral de Melo Neto referia-se à escrita como "a arte de cortar palavras". Pusemonos a "cortá-las", com parcimônia em alguns casos, com voracidade em outros, sempre juntos e sempre buscando clareza nas articulações e nos enredamentos temáticos, epistemológicos, metodológicos. Assim, a segunda parte, também oriunda de textos e reflexões anteriores, foi produzida de modo mais efetivamente dialógico. Por isso, aparece narrada em primeira pessoa do plural, não majestaticamente, mas concretamente fruto de trabalho e reflexão de nós dois.

Cabe dizer, finalmente, que importante ajuda nos foi prestada por nossa amiga e colega de grupo Maria Luiza Sussekind Veríssimo Cinelli, a Luli. Desenvolvendo sua tese de doutorado sob orientação de Inês sobre as relações entre os estudos do cotidiano em educação e o pensamento da emancipação social, ela ofereceu parte de seu trabalho de pesquisa bibliográfica e internética para a composição da parte final deste livro, as sugestões de bibliografia e de *sites* relacionados ao tema "estudos do cotidiano". Agradecemos muito especialmente a ela por essa contribuição.

ERA UMA VEZ UM COTIDIANO QUE SE QUERIA EPISTEMOLOGIA OU MODERNOS E PÓS-MODERNOS E SEUS CONHECIMENTOS COTIDIANOS?

Cotidiano: que história é essa?

"Era uma vez" é uma das expressões mais ouvidas em muitas infâncias e remete, pelo menos em nossa cultura, a histórias para crianças, em que fadas, gnomos, duendes, bruxos e tantas outras entidades do mundo da magia interagem com "seres humanos" dos mais variados tipos: príncipes, princesas, reis e rainhas do bem e do mal, anões e gigantes, entre muitos outros heróis e vilões que assumem, muitas vezes, todo um lado mágico da humanidade. Essas histórias falam de cotidianos que existem na realidade de nossas imaginações e fora delas. E já que acusam os estudos do cotidiano de ficar contando historinhas, vamos a elas, a começar pelas reflexões que fiz em minha tese (Sgarbi, 2005).

A constatação óbvia de que o cotidiano sempre existiu é o ponto de partida para a tentativa de compreender como as "acontecências" cotidianas estão presentes na produção do conhecimento historicamente acumulado pelo mundo ocidental. Dito dessa forma, é necessário que eu procure estabelecer alguns limites para este estudo, já que "conhecimento historicamente acumulado pelo mundo ocidental" é um pouco forte para expressar o estudo aqui realizado. Além disso, ao dizer que "o cotidiano sempre existiu", não quero significar a existência de um mundo que "preexiste ao sujeito e à experiência", mas tão-somente que a vida cotidiana acompanha a trajetória humana.

Sou cotidianista de nascença, e foi na infância – a que não se captura, como nos diz Larrosa, pois a infância é um outro: aquilo que, sempre além de qualquer tentativa de captura, inquieta a segurança de nossos saberes, questiona o poder de nossas práticas e abre um vazio em que se abisma o edifício bem construído de nossas instituições de acolhimento (1998, p. 230) – que aprendi a me pensar cotidianizado, embora só tenha tomado contato com o cotidiano como uma forma de tessitura do conhecimento há pouco mais de nove anos. A pseudocontradição desse último período – nascença/há nove anos – pode ser o ponto de partida para a reflexão sobre uma primeira questão: há um cotidiano-cotidiano e, entre outras possibilidades, um "outro científico". Explico, de forma um tanto simplória, essa intencional dicotomia por meio de uma situação de aula: perguntei, de certa feita, quem sabia fazer macarrão. Das várias pessoas que se manifestaram positivamente, duas mulheres me trouxeram uma questão interessante: uma menina mais nova, do curso de Química, e outra, com um pouco mais de idade, do curso de Letras.

A turma era de licenciatura, que tem como característica a junção de alunos de cursos diferentes. A química disse que colocava a água para ferver com um pouco de sal e de óleo; já a das letras disse que só colocava sal e óleo depois que a água fervesse. Que interessante! No que se refere à arte de cozinhar, a estudante de literatura sabe mais química do que a estudante de química, já que a colocação de sal e óleo na água aumenta, em graus célsius, o ponto de ebulição e, com isso, aumenta o tempo para se conseguir que a água ferva, que, sabemos – pelo menos pressuponho que –, é o momento adequado para se colocar a massa a cozer.

Esse "causo" apenas me alertou para o fato de que existe um conhecimento sobre química que os praticantes do cozimento de macarrão utilizam sem necessariamente saberem química; de outra forma, existe um conhecimento sobre essa particularidade do conhecimento que, mesmo fazendo parte da cognição dos que a estudam, nem sempre servem à prática, pelo menos para fazer macarrão. Em outras palavras, sem a intenção de voltar à velha dicotomia teoria/prática, podemos imaginar um velho alquimista, amigo de Marco Pólo, que, ao testar o cozimento do macarrão, disse: "– Heureca! Um litro de água, à temperatura X, demora Y minutos para ebulir; coloquei sal e óleo, e a ebulição se deu em Y+Z. Logo, se acrescentando substâncias do tipo N à água, ela demora mais a ferver, é verdade que essas substâncias alteram o seu ponto de ebulição". Como nos faz refletir José Machado Pais, seria bom se fosse simples assim. Mas não o é.

> As respostas à questão "o que é sociologia da vida quotidiana?" são tantas quantas as diversas correntes sociológicas que sobre o quotidiano se têm debruçado. Será já satisfatório se conseguirmos delimitar grosseiramente o objecto da sociologia da vida quotidiana sem levar ao extremo a pretensão – porventura inconveniente – de o espartilhar excessivamente. Aliás, muitas vezes, aquilo que um objecto é... é aquilo que os métodos de abordagem permitem ou determinam. A relação entre objecto e método é, muitas vezes, o que constitui uma disciplina, um "campo de saber". Um determinado método pode criar o seu próprio objecto, assim como um determinado objecto pode exigir que o método lhe seja adequado. Ambos se condicionam e, eventualmente, ambos se determinam mutuamente. São certeiras as críticas que Merton dirigiu a Parsons contra a concepção de uma teoria sociológica universal, concepção tão desconcertante como seria a referência *a priori* a uma "teoria química" ou "biológica". Em qualquer domínio científico, o que normalmente ocorre é o desenvolvimento de um número de teorias específicas para certo tipo de fenômenos, abordados numa perspectiva determinada – teorias cujas mútuas relações se exploram e se põem de manifesto. (Pais, 2003, p. 72-73)

Por ridícula que possa parecer essa situação hipotética (Aqui vale lembrar a definição que Millôr Fernandes dá de hipótese: "É algo que não é, mas a gente faz que é para ver como seria se fosse.") – muitas descobertas do conhecimento científico se devem a ridicularidades –, um mesmo princípio pode, e normalmente é, diversamente significado, dependendo de quem o signifique. Tentando dialetizar a reflexão sobre o macarrão e a química, eu perguntaria: afinal, onde está o "verdadeiro" conhecimento? E eu mesmo, hipotetizando, responderia: em ambas as situações, pois, como bem diz Inês Barbosa de Oliveira (2003), o que não se nomeia também é conhecimento.

Daí considerar-me cotidianista mesmo antes de conhecer as formulações teóricas sobre o cotidiano como possibilidade científica de investigar o mundo e tecer conhecimentos academicamente considerados e validados. Da mesma forma que existem muitos conhecimentos que, sendo traduzidos para a linguagem científica, têm objetivos muito práticos – como o exemplo que trago de Quino (1982) abaixo – de outra forma, existem outros tantos conhecimentos do senso comum, como foram denominados pela modernidade, que não foram traduzidos, mas que permaneceram como saberes da prática apenas, *narradosdescritos*[1] pela linguagem ordinária a que se refere Wittgeinstein[2].

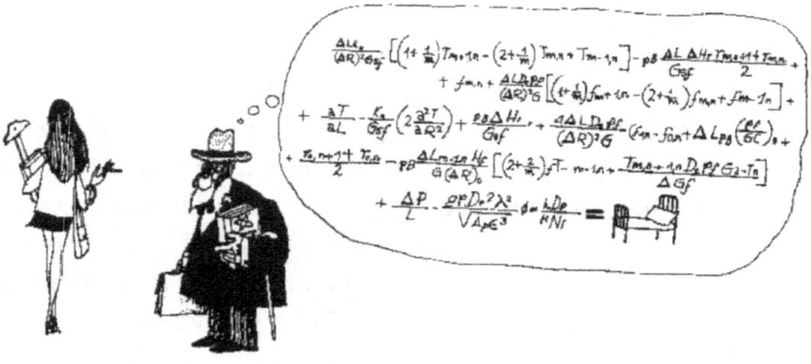

Talvez como eu – deixando marcada a "pretensão" da comparação –, muitos teóricos da modernidade fossem cotidianistas. Eles, no entanto, podem ter-se colocado num processo de descotidianização para disputar um lugar ao sol da comunidade acadêmica. Quem sabe, Gaston Bachelard

---

[1] Temos lançado mão de neologismos, principalmente pela justaposição de palavras, em nossos textos. Isso acontecerá, também, neste livro.

[2] Refiro-me às reflexões feitas por Certeau (1994, p. 67-71) a partir do que o autor francês chama de "modelo Wittgenstein da linguagem ordinária".

(Fiquei imaginando se Quino poderia estar pensando em Bachelard, ou seria besteira minha?) diria mais e bem modernamente: todos nascemos e nos *criamosformamos* cotidianistas, quando entendemos que cotidiano pode ser conceituado como a maneira habitual de vivermos, em múltiplos e variados espaços estruturais (Santos, 2000, p. 277-ss) em que nos tornamos o que somos um dia após o outro. E esse conceito "universal", é claro, inclui os "produtores/construtores/tecedores" de conhecimento no cotidiano da humanidade. Aí, me imagino enquanto tecelão... mas não é só. O cotidiano me tece... Sou tecido por ele, além de tecê-lo.

Ao juntar, nas mesmas aspas, produtores, construtores e tecedores de conhecimentos, procuro passar uma dimensão generalizante a partir da universalidade do conceito de "cotidiano"; talvez melhor, da abstracionalidade do conceito que, nesta acepção, tem os sentidos, enquanto adjetivo: "1. De todos os dias; diário. 2. Que se faz ou sucede todos os dias; diário. 3. Que aparece todos os dias; diário. 4. Que sucede ou se pratica habitualmente"; e, como substantivo masculino, os significados de "5. Aquilo que se faz ou ocorre todos os dias. 6. O que sucede ou se pratica habitualmente" (Holanda, 1999). Os termos "diário" e "habitualmente" são os que mais se repetem. A partir desse entendimento, posso afirmar que todas as pessoas têm sua cotidianidade, por única que seja – e acredito mesmo que nenhuma pessoa tenha um cotidiano igual ao de outra nem um dia seu igual a outro, crença que é confirmada pela sabedoria de Heráclito quando disse que "ninguém mergulha duas vezes no mesmo rio".

Logo no terceiro parágrafo deste texto, intencionalmente dicotomizei cotidiano, dizendo que existe "esse de todo mundo e de todos os dias" e um outro que, mesmo tendo por base "esse de todo mundo e de todos os dias" não diz de todo mundo, pois é uma maneira que apenas algumas pessoas têm de compreender e estudar o mundo, diferentemente de outras pessoas que compreendem e estudam o mundo com base em outros pressupostos que desconsideram esse cotidiano de todo mundo e de todos os dias como *espaçotempo* de criação de conhecimentos.

Neste texto, o que pretendo pensar um pouco é essa cotidianidade que, sendo comum às pessoas – por mais cientistas que sejam –, está presente tanto na construção moderna de conhecimentos quanto na tessitura pós-moderna.

Diferentes pensadores e suas contribuições para a reflexão sobre o cotidiano

Sorrateiramente, vou-me imiscuindo na vida alheia para compartilhar de suas reflexões, de suas leituras de mundo, de seus registros escritos dessas leituras. São pistas, indícios, evidências – noções que tomo emprestadas de Carlo Ginzburg (1989) –, conselhos e alertas que, de uma forma ou de outra, ou de outra ainda, me ajudam na decifração dos enigmas da vida cotidiana que busco compreender melhor.

A busca dessa compreensão passa, ainda hoje, pela dogmática providência da escritura que, para ser minimamente bem-recebida pelas pessoas que, em nossa sociedade, têm a função de validá-las, deve passar pelo ritual acadêmico da delimitação. Afinal, falar de tudo é quase a mesma coisa que falar de nada, isso pela suposição de que é possível falar de tudo ou de nada. Porém, mais do que o simples cumprimento de um preceito, essa delimitação é necessária para a minha própria organização e, conseqüentemente, a do texto.

No entanto, antes da delimitação, me afeta uma questão de limitação. Nesse sentido, o problema que me surge para dar conta dessa tarefa é o fato de que a maioria dos artefatos epistemológicos de que disponho – e que me foram ensinados a partir do culto à crença de que há uma única maneira correta de compreender a vida e as coisas do mundo – me conduzem a cortes que tendem a imobilizar o alvo, que é, conceitualmente, móvel, dinâmico, ou melhor, em processo: o cotidiano. Essa "propriedade" do "objeto" de estudo me chega como um obstáculo real. Preciso, portanto, organizar as linguagens de que disponho num texto que procure não aprisionar, no *espaçotempo* textual, essa mobilidade. Mas eu não sei se sei fazer isso, ou mesmo se isso é possível. Deleuze e Guattari (1995, p. 37) me ajudam a pensar nesse "objeto" móvel e escorregadio que é o cotidiano quando trazem a idéia de rizoma como metáfora do conhecimento:

> Um rizoma não começa nem conclui, ele se encontra sempre no meio, entre as coisas, inter-ser, *intermezzo*. A árvore é filiação, mas o rizoma é aliança, unicamente aliança. A árvore impõe o verbo "ser", mas o rizoma tem como tecido a conjunção "e... e... e..." Há nessa conjunção força suficiente para sacudir e desenraizar o verbo ser. Para onde vai você? De onde você vem? Aonde quer chegar? São questões inúteis. Fazer tábula rasa, partir ou repartir do zero, buscar um começo, ou um fundamento, implicam uma falsa concepção da viagem e do movimento (metodológico, pedagógico, iniciático, simbólico...). Kleist, Lenz ou Büchner têm outra maneira de viajar e também de se mover, partir do meio, pelo meio, entrar e sair, não começar nem terminar. Mas ainda, é a literatura americana, e já inglesa, que manifestaram esse sentido rizomático, souberam mover-se entre as coisas, instaurar uma lógica do E, reverter a ontologia, destituir o fundamento, anular fim e começo. Elas souberam fazer uma pragmática. É que o meio não é uma média; ao contrário, é o lugar onde as coisas adquirem velocidade. *Entre* as coisas não designa uma correlação localizável que vai de uma para a outra e reciprocamente, mas uma direção perpendicular, um movimento transversal que as carrega uma *e* outra, riacho sem início nem fim, que rói suas duas margens e adquire velocidade no meio.

De outra feita, temo não ser capaz de evitar as marcas de formação moderna tão presentes em meus raciocínios, reflexões e, por tabela, minha escritura, meu texto-espelho do meu discurso. Quero ter alguns cuidados. Cuidado, por exemplo, de perceber as recorrências sem transformá-las em generalizações; cuidado de não transformar o meu sistema de crenças e valores em verdades *a priori*; cuidado de não confundir rigor com rigidez; cuidado de não relaxar o rigor pela tentativa de conquistar uma linguagem que mais se aproxime das cotidianidades; cuidado em não revestir as relações positivistas com o conhecimento de apenas uma linguagem amena que as camufle. Cuidados que, sinto, expressam alguns medos, alguns fantasmas que, inevitavelmente, terei de enfrentar.

Entre esses cuidados, um é muito especial e decorre dos objetivos deste estudo, que é tentar perceber, em autores da modernidade[3], marcas de possíveis interferências da vida cotidiana em suas produções, qual seja enxergar essas marcas apenas pela crença. Acreditando em Maturana e Sammy Frank, cujos estudos levam von Foerster (1996, p. 71) a concluir que "a retina está sujeita a um controle central e que é por isso que é preciso crer para ver", invertendo a lógica milenar do *ver para crer*, essa crença implica o grave risco, dentre muitos possíveis, de vermos o que queremos onde o que queremos não está. Uma primeira reflexão já se instaura no próprio uso da visão como caminho de percepção do conhecimento, e que está presente neste parágrafo, e provavelmente em muitos outros. Nilda Alves tem-me ajudado a pensar nessa questão, mostrando que as teorias, mais do que apoio à verdade, devem ser compreendidas como limitações a ser transpostas.

> Com o aprendido, sei que uma "boa" pesquisa precisa ter uma sólida teoria de apoio que é entendida como a verdade de partida para que possa "construir" uma outra verdade "em nível superior". Trabalhar com o cotidiano, e se preocupar como aí se tecem em rede os conhecimentos, significa, ao contrário, escolher entre as várias teorias à disposição e muitas vezes usar várias, bem como entendê-las não como apoio e verdade, mas como limites, pois permitem ir só até um ponto, que não foi atingido, até aqui pelo menos, afirmando a criatividade do cotidiano. Isso exige um processo de negação delas mesmas e dos próprios limites anunciados, assumindo-os, no início mesmo do processo e não ao final quando "outra verdade as substituir". Ou seja, essas teorias precisam ser percebidas, desde o começo do trabalho, como meras hipóteses a serem, necessariamente, negadas e jamais confirmadas, para meu/

[3] A rotulação "autores da modernidade", neste momento, me é muito necessária, para que eu possa estabelecer, no futuro do texto, os contrapontos que estou propondo estudar.

> nosso desespero, com a "bagagem" sobre teorias e práticas de pesquisa que antes acumulei. (ALVES, 2001, p. 22)

Outro risco, filho desse primeiro, é o de negar, sem nenhuma fundamentação que sustente a negação, conhecimentos que, rotulados de modernos, positivistas, cartesianos ou quaisquer outros enquadramentos categoriais, fazem parte inequívoca das culturas da humanidade e trazermos para o estudo apenas uma gama de "categorias" também classificatórias que apenas estarão contrapondo-se às já existentes que, por crença e sentimento, queremos combater.

Trazer à tona esses dois riscos, dentre muitos possíveis, tem a função, por um lado, de cuidar para que eles não aconteçam, mas, por outro, de alertar o leitor para a possibilidade de existirem no texto, o que se constitui num terceiro risco, que é o da crítica do leitor aguçado. Mas esse risco eu quero correr. Como observou Valter Filé[4] numa conversa, é fundamental perceber como "esse jogo" é articulado entre várias e variadas questões e que tipo de narrativa advém da escolha epistemológica que venho fazendo e do otimismo epistemológico, como me acalenta Carlos Eduardo Ferraço (2001, p. 102):

> Esta é a razão de nosso *otimismo metodológico*. Investimos no cotidiano porque é lá que está a essência de nossa metodologia de estudo. Uma essência pulverizada em artimanhas e táticas. Disseminada em movimentos caóticos. Semeada em ações e relações fatuais. Uma essência produzida pelos *tempos subjetivos*. Que pulsa com fios invisíveis nas redes efêmeras. Que corrói de modo sorrateiro. Que subverte localmente e produz novas formas de apropriação do tempo e do espaço.

Até porque uma questão central para mim é a das linguagens utilizadas para *normalizarnormatizarnaturalizar* o conhecimento. Mais ainda, perceber como eu estou fazendo

---

[4] Amigo de longa data e longas e agradabilíssimas conversas. Proseador dos mais interessantes, muitas de nossas conversas estão incorporadas neste texto.

isso, ou seja, como não consigo escapar das armadilhas da expressão escrita e entro numa de "verdadeirizar", pela minha narrativa, o que trago como crítica ao que está instituído como algo que "sempre esteve", como bem colocou meu amigo Filé. Para marcar esse risco, deixo em destaque a última frase de seu comentário como um alerta: Neste esforço de tecer novos referentes epistemológicos, uma das tarefas mais árduas é a de "cuidar" dos vários "níveis" da narrativa.

> Para onde quer que nos voltemos, deparamos com as mesmas antinomias: temos uma certa idéia tradicional do que somos como indivíduos. E temos uma noção mais ou menos distinta do que queremos dizer ao pronunciar o termo "sociedade". Mas essas duas idéias – a consciência que temos de nós como sociedade, de um lado, e como indivíduos, de outro – nunca chegam a coalescer inteiramente. Sem dúvida temos consciência, ao mesmo tempo, de que este abismo entre os indivíduos e a sociedade não existe na realidade. Toda sociedade humana consiste em indivíduos distintos e todo indivíduo humano só se humaniza ao aprender a agir, falar e sentir no convívio com outros. Mas, quando tentamos reconstruir no pensamento aquilo que vivemos cotidianamente, é constante aparecerem lacunas e falhas em nosso fluxo de pensamento, como um quebra-cabeça cujas peças se recusassem a compor uma imagem completa. (ELIAS, 1994, p. 67)

Pensando na contribuição de Norbert Elias, entendo que as diferentes narrativas tecem redes de conhecimentos a partir das quais podemos compreender melhor as questões que nos inquietam e que investigamos, em sua complexidade e localidade.

Mas esse é um assunto que fica para mais tarde. O que me interessa, neste momento, tentando voltar ao pretenso objetivo deste texto, é perceber como o cotidiano faz parte da tessitura do conhecimento rotulado como moderno, mesmo que esse "fazer parte" se dê pela negativa das invenções epistemológicas cotidianas, o que é, aliás, uma das marcas modernas mais fortemente paradigmatizadas, junto com o reducionismo e a generalização, com a conseqüente produção de verdades universais.

Diferentes cotidianos e suas contribuições para a reflexão dos pensadores

Conferem (indeterminação do sujeito bem própria de boatos e fofocas) a Gaston Bachelard a "culpa" pela separação dos conhecimentos do senso comum – saberes tecidos no cotidiano pelas pessoas comuns, pode ser? – dos conhecimentos científicos – saberes construídos fora do cotidiano (é possível?) por pessoas incomuns (cientistas?) –, processo histórico que foi identificado pelo autor francês e por ele nomeado de "(primeira) *ruptura epistemológica*". Tomando por base – aporte teórico – que "todo boato tem um fundo de verdade" – postura moderna assumida pela sabedoria popular – e que essa tal ruptura é um fato na trajetória do conhecimento ocidental, é interessante, pelo menos para mim, verificar – postura moderna de produzir ciência – que interferências essa ruptura teve no mundo dos não-cientistas.

> La ciencia, tanto en su principio como en su necesidad, se opone en absoluto a la opinión. Si en alguna cuestión particular debe legitimar la opinión, lo hace por razones distintas de las que fundamentan la opinión; de manera que la opinión, de derecho, jamás tiene razón. La opinión *piensa* mal; no *piensa*; *traduce* necesidades de conocimientos. Al designar a los objetos por su utilidad, ella se prohíbe de conocerlos. Nada puede fundarse sobre la opinión: ante todo es necesario destruirla. Ella es el primer obstáculo a superar. No es suficiente, por ejemplo, rectificarla en casos particulares, manteniendo, como una especie de moral provisoria, un conocimiento vulgar provisorio. El espíritu científico nos impide tener opinión sobre cuestiones que no comprendemos, sobre cuestiones que no sabemos formular claramente. Ante todo es necesario saber plantear los problemas. Y dígase lo que se quiera, en la vida científica los problemas no se plantean por sí mismos. Es precisamente este *sentido del problema* el que sindica en verdadero espíritu científico. Para un espíritu científico todo conocimiento es una repuesta a una pregunta. Si no hubo pregunta, no puede haber conocimiento científico. Nada es espontáneo. Nada está dado. Todo se construye. (Bachelard, 1972, p. 16)

Vejamos o que dizem as más línguas, já que estamos tentando compreender os significados de alguns boatos. Boaventura de Sousa Santos, por exemplo, "acusa" Bachelard de ter construído

> um paradigma que produz um discurso que se pretende rigoroso, antiliterário, sem imagens nem metáforas, analogias ou outras figuras da retórica, mas que, com isso, corre o risco de se tornar, mesmo quando falha na pretensão, um discurso desencantado, triste e sem imaginação, incomensurável com os discursos normais que circulam na sociedade (1998, p. 37-38)

Mas será só isso? Não claro que não; nem estou atribuindo a Boaventura ter reduzido o autor francês ao que está dito nesse pequeno trecho de sua vasta obra. Mas isso está dito, e não é só pelo sociólogo português. Abraham Moles (1985, p. 9), por exemplo, traz uma narrativa que, passeando por fenômenos vagos, procura mostrar um pouco desse modo moderno de pensar o mundo.

> Vivemos no seio de fenômenos vagos, de coisas imprecisas e situações perpetuamente variáveis nas quais nos é necessário decidir, reagir ou agir, tomar posição. No entanto, por mais vagas que elas sejam, todas essas coisas surgem à nossa consciência como objectos conceptuais, damos-lhes nomes, e efectuamos sobre elas operações, mentais primeiro, práticas em seguida, à nossa conta e risco. Viver é confrontarmo-nos com coisas vagas. O mundo não é um laboratório onde os fenômenos se encontram decantados, isolados, controlados a bel-prazer do experimentador que com eles joga para descobrir uma verdade transcendente, incontestável, pois que depurada sob a forma de correlações fortes entre variáveis evidentes. Falamos de temperatura e julgamos do nosso bem-estar, falamos de justiça e julgamos dos nossos interesses, falamos de Bem e de Mal e pensamos em investimentos.
>
> Os seres e os valores que nos guiam na nossa vida quotidiana, que se impõem no fluxo de consciência, quase nunca são de natureza propriamente «científica» no sentido convencional que a nossa cultura deu a este termo. Contudo, é com eles que é preciso viver e agir; apenas em casos muito privilegiados, em situações especiais é que somos

> verdadeiramente confrontados com variáveis exactas cuja definição é clara e sem ambigüidades. O herói de Kafka era agrimensor, pela particularidade de seu ofício ele dirigia-se aos terrenos e puxava do seu metro para dar-lhe essa exactidão física sobre a qual todos nós achamos de acordo: tanto o vendedor como o comprador. Mas esse conhecimento exacto de nada lhe servia no seu destino pessoal.

Nilda Alves (2002, p. 112), por sua vez, faz uma reflexão interessante sobre duas conseqüências, dentre muitas, da maneira como a modernidade buscou construir os conhecimentos das ciências: a hierarquização e a linearidade. Mostra que

> essa busca se dava em um diálogo rico e extremamente produtivo entre a teoria e a prática, entre ciências e arte, enfatizando que a construção do método experimental tem a ver, fundamentalmente, com esse diálogo (2002, p. 112).

Num dos encontros do nosso grupo de pesquisa, que também é aula para alunos de mestrado e de doutorado, uma discussão acirrada sobre os "malefícios da modernidade" impôs que Nilda dissesse que "a primeira ruptura epistemológica foi absolutamente necessária para que as ciências se desenvolvessem".

> Ao mesmo tempo, esse processo, no seu desenvolvimento, se leva ao aprofundamento e alargamento do campo científico, leva, em contrapartida, ao estilhaçamento desse campo em um grande número de ciências, que, em especial no século XIX, chega ao seu auge (2002, p. 112).

Essa fragmentação e a conseqüente organização dos fragmentos nas inúmeras ciências especializadas geram, "pari passo, a hierarquia dos conhecimentos – de um lado, os conhecimentos centrais, fundamentais, basais, anteriores, e, de outro, os periféricos, superficiais, posteriores". Nesse modelo de construção, os conhecimentos teóricos são hierarquicamente superiores aos conhecimentos da prática, e a metáfora da árvore bem representa essa postura.

No mundo da ciência, até os boatos assumem ares de verdades absolutas. Mas, no mundo do mundo, até as ciências podem ser boatos que se passam por verdades absolutas.

Como diz a sabedoria popular, "o fato vale menos que a versão melhor dos fatos". Pode ser que a frase não seja bem essa, como pode ser também que alguém importante a tenha dito. Esse "pode ser" pode ser um problema epistemológico da maior seriedade, pois outro boato que corre nos meios acadêmicos é que algo, para ser considerado válido entre os conhecimentos científicos, ou é ou não é, não esse negócio de pode ser. Precisão é a palavra, rigor é a idéia, tanto que, se algo não cabe nos modelos explicativos que as ciências produzem, esse algo não existe, pelo menos do ponto de vista da epistemologia dessa ciência que gera ciências.

Gosto de pensar nessa questão, por um lado, a partir de Humberto Maturana, principalmente quando ele discute a maneira de validação de conhecimentos usada pela ciência moderna, e, por outro, tendo como motivação e base a discussão que Boaventura Santos faz do rigor epistemológico, trazendo como um dos pontos de reflexão que "o que não é quantificável é cientificamente irrelevante" (SANTOS, 1989, p. 15), e muitos são os fenômenos da vida cotidiana que não se prestam a quantificações, muitos são os conhecimentos que são excluídos da classificação de científicos. Boaventura também pensa que

> o rigor científico, porque fundado no rigor matemático, é um rigor que quantifica e, ao quantificar, desqualifica, um rigor que, ao objectivar os fenômenos, os objectualiza e os degrada, que, ao caracterizar os fenômenos, os caricaturiza. É, em suma e finalmente, uma forma de rigor que, ao afirmar a personalidade do cientista, destrói a personalidade da natureza. Nestes termos, o conhecimento ganha em rigor o que perde em riqueza e a retumbância dos êxitos da intervenção *tecnológica esconde os limites da nossa* compreensão do mundo e reprime a pergunta pelo valor humano do afã científico assim concebido. (1989, p. 32-3)

De Humberto Maturana (1997, 1998, 2001), trago uma outra maneira de compreender a relação entre os fatos e a melhor versão dos fatos. O próprio Maturana é um exemplo a partir do diagrama ontológico, na medida em que ele aparece em *A ontologia da realidade* (1997), *Emoções e linguagem na educação e na política* (1998) e em *Cognição, ciência e vida cotidiana* (2001). Mesmo sem haver contradição entre o que, do diagrama, o biólogo chileno faz de reflexão nos três títulos, há versões, na medida em que são substancialmente diferentes. Mesmo entendendo que existe a possibilidade de que diferentes domínios do conhecimento apresentem explicações diferentes, a versão existe, pois, no caso do Maturana, por exemplo, estamos diante de um mesmo domínio.

Apenas para sustentar a minha afirmativa versionista, trago os parágrafos, de cada uma das obras, que introduzem a representação do diagrama.

A ontologia da realidade

> Segue-se, nesse caminho explicativo, que explicações são constitutivamente não reducionistas e não transcendentes, porque nesse caminho não há a busca de uma única e última explicação para nada. Do mesmo modo, quando um observador aceita esse caminho explicativo, ele ou ela se torna consciente de que dois observadores que fazem surgir duas explicações que se excluem mutuamente, em face daquilo que para um terceiro observador pareça ser a mesma situação, não estão dando explicações diferentes para a mesma situação, mas todos os três observadores estão operando em domínios de realidade diferentes, igualmente legítimos, e estão explicando diferentes aspectos de suas respectivas práxis de viver. O observador que segue esse caminho explicativo se dá conta de que ele ou ela vive num *multiversa*, ou seja, em muitas realidades explicativas diferentes, igualmente legítimas, mas não igualmente desejáveis, e que no multiversa um desacordo explicativo é um convite a uma reflexão responsável sobre a coexistência, e não uma negação irresponsável do outro. Em decorrência disso, nesse caminho explicativo, uma ilusão é uma afirmação de uma distinção ouvida a partir de um domínio de realidade diferente daquele no qual ocorre e onde é válido, e a experiência de uma ilusão é uma expressão do observador de sua confusão de domínios explicativos. Tudo isso pode ser representado graficamente no diagrama que eu chamo de *Diagrama ontológico.* (1997, p. 252-253)

Diagrama ontológico

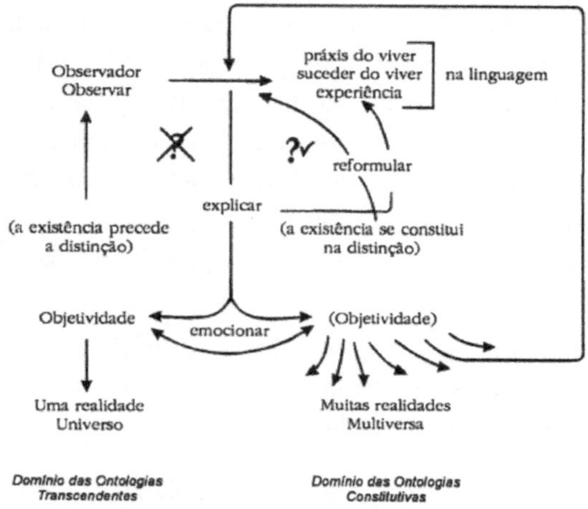

Emoções e linguagem na educação e na política

Eu indico esta consciência de não podermos distinguir entre ilusão e percepção, como um convite *a objetividade-entre-parênteses* no processo de explicar. Não quero dizer com isso que não existem objetos, nem que não posso especificar um certo domínio de referência que trato como existindo independente de mim. Quero dizer que, colocando a objetividade entre parênteses, me dou conta de que não posso pretender que eu tenha a capacidade de fazer referência a uma realidade independente de mim, e quero me fazer ciente disto na intenção de entender o que ocorre com os fenômenos sociais do conhecimento e da linguagem, sem fazer referência a uma realidade independente do observador para validar meu explicar. Na Figura 2 [o diagrama ontológico], que é uma ampliação da Figura 1, estão indicados os dois caminhos explicativos que surgem dependendo de aceitarmos ou não a pergunta pela origem das habilidades cognitivas do observador. Assim, quando o observador não se pergunta pela origem de suas habilidades cognitivas e as aceita como propriedades constitutivas suas, ele atua como se aquilo que ele distingue preexistisse à sua distinção, na suposição implícita de poder fazer referência a essa existência para validar seu explicar. A este caminho explicativo dou o nome de caminho explicativo da *objetividade-sem-parênteses*. (Ver diagrama) (1998, p. 45)

Cognição, ciência e vida cotidiana

> A ciência não tem a ver com a predição, com o futuro, com fazer coisas, mas sim com o explicar. Os cientistas são pessoas que têm prazer em explicar. É a única coisa que lhes interessa na vida, enquanto cientistas. "Aconteceu tal coisa. Que interessante, vamos explicar!" Os tecnólogos são diferentes, os artistas também são diferentes: têm outra paixão, movem-se em outra paixão em suas atividades. Mas o que define o cientista, em sua ação como cientista, é o modo de explicar, o critério de aceitação de explicações que usa.
>
> Em algum momento irei fazer uma reflexão sobre isso, para mostrar a conexão peculiar que as explicações científicas têm com a vida cotidiana. Nós, cientistas, armamos um grande alvoroço sobre a coisa extraordinária, que é a ciência, e pretendemos separá-la da vida cotidiana. Penso que isso é um grave erro. A validade da ciência está em sua conexão com a vida cotidiana. Na verdade, a ciência é uma glorificação da vida cotidiana, na qual os cientistas são pessoas que têm a paixão de explicar e que estão, cuidadosamente, sendo impecáveis em explicar apenas de uma maneira, usando um só critério de validação de suas explicações, que tem a ver com a vida cotidiana, como vou mostrar logo a seguir. Mas por enquanto quero enfatizar o seguinte: neste explicar há dois modos fundamentais de escutar, porque uma formulação da experiência vai ser uma explicação conforme meu escutar, conforme o critério que eu tenha para aceitar essa formulação. Há dois modos fundamentais de escutar e aceitar reformulações da experiência, que vou indicar nesse diagrama: (Ver diagrama da página 28). (2001, p. 30-1)

Supondo-se, portanto – e agora com embasamento teórico da melhor qualidade –, que a sabedoria popular tem razão e que *vale mais a melhor versão de um fato que o fato em si*, podemos inferir que a precisão explicativa de um fato vale mais do que o fato, na medida em que, como mostra e exemplifica Maturana, não há explicações diferentes para uma mesma situação, mas sim domínios de realidades diferentes (1997, p. 252); ou há explicações diferentes, na medida em que há caminhos explicativos diferentes a partir da aceitação ou não das habilidades cognitivas do observador; ou há explicações diferentes a partir de escutas diferentes, o que tem a ver com a relação da ciência com a vida cotidiana. Logo, se a ciência produz explicações precisas – e diferentes – do real, essas explicações valem mais do que o próprio real, até porque, por essa premissa da modernidade, o que não couber nas explicações precisas produzidas está arriscado a ser considerado irreal, ou, na melhor das hipóteses, um realzinho que não tem valor, que não faz sentido.

Voltando aos boatos, dizem ainda que essa tal modernidade fixou um único caminho para a busca do conhecimento. Mais do que isso, determinou o sentido da visão como o único capaz de, com precisão, observar, compreender e explicar a realidade, metáfora que João Arriscado Nunes (2002, p. 303) arrisca explicitar.

> Etimologicamente – e tal como acontece com o termo "idéia" – a teoria e o acto de teorizar (*theoréin*) são indissociáveis do olhar, um olhar apropriativo e dominador, o olhar da observação, do exame, da representação (no sentido político do termo, o de depuração), mas também um olhar que nos lembra que estamos, igualmente, perante uma percepção incorporada, algo que nos remete para o domínio do estático e do sensorial, o olhar da contemplação de um espetáculo, da assistência a uma festa, da participação em cerimónias cívicas ou religiosas, mas também da especulação e da meditação, não constrangidas pela subordinação aos imperativos desse "outro" da teoria que é a "prática". A recente "viragem visual" na teoria social e cultural assenta, precisamente, no reconhecimento desta relação entre o conhecimento e a visão – encarada como o mais fiável dos sentidos, permitindo um acesso directo e transparente à realidade –, e no estudo da constituição histórica dessa relação, da construção social e cultural do olhar moderno e da sua desconstrução pós-moderna.

Hoje isso não poderia acontecer, pois as organizações que protegem os deficientes visuais e os defensores das políticas de inclusão fariam o maior estardalhaço para, de alguma maneira, incluí-los no processo de produção do conhecimento. Aliás, como diz Millôr Fernandes, "quem tem um cego, em terra de olho... ih! errei". Mas, na verdade – ou na não-verdade –, em terra de olho, nenhum outro sentido tem muito valor, pelo menos não o valor de ter reconhecidos como válidos os conhecimentos nele, com ele e por ele produzidos.

A observação visual passa a ser o passaporte necessário para as viagens epistemológicas, o que, até mesmo pelas lógicas modernas, significa uma redução do mundo real aos fenômenos observáveis pelo olhar. Dito de outra forma e aproveitando para trazer para a conversa alguns questionamentos de José Machado Pais,

> não corresponde, o acto de mostrar a um processo de centração (atenção) do olhar que implica uma descentração (desatenção) relativamente ao que circunda o centro da atenção? [...] porque é sempre parcial, não é verdade que o conhecimento arrasta sempre, como a sua sombra, o desconhecido? (2003, p. 27).

Essas e muitas outras questões têm sido colocadas por inúmeros estudiosos que se dedicam, hoje – um hoje que acontece já faz algum tempo –, a repensar os caminhos percorridos pela sociedade ocidental na construção dos conhecimentos validados pela ciência e suas ciências.

Também preocupado em compreender um pouco esses caminhos, encontro algumas passagens de Émile Durkheim que, pelo menos para mim, trazem indícios de contradição epistemológica. Quebrando um pouco a proposta estrutural desse meu texto, transcrevo o início do segundo capítulo de *As regras do método sociológico* por ser o discurso bem representativo do positivismo que caracteriza grande parte da produção moderna de conhecimento, mas que, ao mesmo tempo, traz, ao diferenciar conhecimento científico do senso comum, certo respeito a este, a ponto de ser necessário, a qualquer preço, colocar um contra o outro.

Regras relativas à observação dos fatos sociais

> Regra fundamental: Tratar os fatos sociais como coisas. I – Fase ideológica que atravessa todas as ciências, durante a qual elaboram noções vulgares e práticas em vez de descreverem

> e explicarem as coisas. Motivo por que esta fase devia prolongar-se na sociologia mais do que nas outras ciências. Fatos extraídos à sociologia de Comte, à de Spencer, e ao estado atual da moral e da economia política, mostrando que este estágio ainda não foi ultrapassado. Razões para o ultrapassar: 1° – Os fatos sociais devem ser tratados como coisas porque são os data imediato da ciência, enquanto que as idéias, de que os fatos sociais são supostamente os desenvolvimentos, não são diretamente dados. 2° – Têm todas as características da coisa. Analogia desta reforma com a que transformou recentemente a psicologia. Razões para esperar, no futuro, um progresso rápido da sociologia. II – Corolário imediato da regra precedente: 1° – Afastar da ciência todas as noções prévias. Acerca do ponto de vista místico que se opõe à aplicação desta regra. 2° – Maneira de construir o objeto positivo da investigação: agrupar os fatos segundo as suas características exteriores comuns. Relações do conceito assim formado com o conceito vulgar. Exemplos de erros a que nos expomos ao negligenciar esta regra ou ao aplicá-la mal: Spencer e a sua teoria sobre a evolução do casamento; Garofalo e a sua definição de crime; o erro comum que recusa a moral às sociedades inferiores. Que a exterioridade das características que entram nestas definições iniciais não constituam um obstáculo às explicações científicas. 3° – Estas características exteriores devem, além disso, ser o mais objetivas possível. Método para o conseguir: apreender os fatos sociais de modo que se apresentem isolados das suas manifestações individuais. (Durkheim, 1983, p. 94)

O próprio autor destaca que a primeira regra e a mais fundamental é a de considerar os fatos sociais como coisas mostrando, na seqüência do seu texto, que

> a reflexão é anterior à ciência; esta se limita a servir-se dessa reflexão mais metodicamente. O homem não pode viver no meio de objetos sem ter uma idéia deles que lhe permita regular a sua conduta. Como essas noções estão mais ao nosso alcance que as realidades a que correspondem, tendemos naturalmente a fazer delas a matéria das nossas especulações, substituindo a realidade por elas; em vez de observar as coisas, de as descrever, de as comparar, contentamo-nos então com a tomada de consciência das nossas idéias, analisando-as, combinando-as. Em vez de uma ciência das realidades, temos uma mera análise ideológica. (1983, p. 94)

Pelo visto, realmente os boatos têm um fundo de verdade, mas a afirmativa de Durkheim de que a ciência difere da reflexão, que é anterior à ciência, pela metodologização dessa reflexão, me abre a possibilidade de inferir que ocorreu uma cientificização de conhecimentos cotidianos – como observa Machado Pais –, que foram isolados da vida cotidiana e passaram a ser a base do conhecimento científico.

> Ora, se o objecto da sociologia da vida quotidiana não corresponde a um conceito isomorfo de vida quotidiana mas a um objecto fragmentado e híbrido, escrever sobre vida quotidiana só pode resultar numa mostragem-mosaico cuja forma expositiva metacomunica com a complexidade do que se pretende representar. (Pais, 2003, p. 11)

Observemos o texto a seguir:

Elegância profissional

Qualquer engenheiro aprende a notação matemática segundo a qual a soma de dois números reais, como

$$1+1=2$$

pode ser escrita de maneira muito simples. Entretanto, essa forma é errada dada sua banalidade e demonstra falta total de estilo. Desde as primeiras aulas de Matemática, sabemos que:

$$1=\ln(e)$$

e também que

$$1=\sin^2(p)=\cos^2(p)$$

Além disso, todos sabem que,

$$2=\sum_{n=0}^{\infty}\left(\frac{1}{2}\right)^n$$

Portanto, a expressão

$$1+1=2$$

pode ser escrita de uma forma mais elegante como

$$\ln(e) = \sin^2(p) + \cos^2(p) = \sum_{n=0}^{\infty}\left(\frac{1}{2}\right)$$

a qual, como facilmente podem observar, é muito mais compreensível e científica.

É sabido que:

$$1 = \cosh(q) * \sqrt{1 - \tanh^2}(q)$$

e que

$$e = \lim_{z\to\infty}\left(1 + \frac{1}{Z}\right)^Z$$

de onde resulta

$$\ln(e) + \sin^2(p) + \cos^2(p) = \sum_{n=0}^{\infty}\left(\frac{1}{2}\right)^n$$

que ainda pode ser escrita da seguinte forma clara e transparente:

$$\ln\left(\lim_{z\to\infty}\left(1 + \frac{1}{2}\right)\right) + \sin^2(p) + \cos^2(p) = \sum_{n=0}^{\infty}\frac{\cosh(q) * \sqrt{1 - \tanh^2}(q)}{2^n}$$

tendo em conta que

0! = 1

e que a matriz invertida da matriz transposta é igual à matriz transposta da matriz invertida (com a hipótese de um espaço unidimensional), conseguimos a seguinte simplificação (devida ao uso de notação *X* vetorial):

$$\left(X^T\right)^{-1} - \left(X^{-1}\right)^T = 0$$

Se unificarmos as expressões simplificadas

0! = 1

e

$$\left(X^T\right)^{-1} - \left(X^{-1}\right)^T = 0$$

será óbvio que obtenhamos

$$\left(\left(X^{T}\right)^{-1}-\left(X^{-1}\right)^{T}\right)!=1$$

Aplicando-se as simplificações descritas acima, resulta

$$\ln\left(\lim_{z\to\infty}\left(1+\frac{1}{z}\right)^{z}\right)+\sin^{2}(p)=\cos^{2}(p)=\sum_{n=0}^{\infty}\frac{\cosh(q)*\sqrt{1-\tanh^{2}(q)}}{2n}$$

Obtendo, finalmente, de forma totalmente elegante, legível, sucinta e compreensível para qualquer um, a equação

$$\ln\left(\lim_{z\to\infty}\left(\left(\left(X^{T}\right)^{-1}\right)-\left(X^{-1}\right)^{T}\right)+\frac{1}{z}\right)+\sin^{2}(p)=\cos^{2}(p)=\sum_{n=0}^{\infty}\frac{\cosh(q)*\sqrt{1-\tanh^{2}(q)}}{2n}$$

(que, convenhamos, é muito mais profissional que a equação original 1 + 1 = 2).
Envie esta mensagem a alguma pessoa sábia e inteligente.
Envie-a também a seus amigos, que saberão apreciar sua alma sensível e humilde de engenheiro/a ...

Comparando, apenas para tentar dar sustentação a esta inferência, poderíamos dizer que "1+1 = 2" corresponde à cotidianidade, é corriqueiro, enquanto as substituições matemáticas que se seguem a essa mera continha seriam uma forma de dizer cientificizada. A partir dessa relação feita, retomamos a primeira ruptura epistemológica referida no início deste texto, que anuncia a divisão entre os conhecimentos científicos e os saberes práticos do senso comum, desconsiderados como conhecimentos pelos métodos científicos de investigação e explicação (aqui, vale lembrar as reflexões de Boaventura há algumas páginas.). O cotidiano passa, assim, a ser considerado uma outra coisa em relação à construção do conhecimento científico ocidental. "São dois bicudos que não se beijam", um pouco na linha de reflexão de Henri Lefebvre (1991, p. 17-18), quando dicotomiza a vida cotidiana como não-filosófica em comparação com uma vida filosófica que é criada fora da vida cotidiana.

> Com relação à filosofia, a vida cotidiana se apresenta como não-filosófica, como mundo real em relação ao ideal (e ao conceito de mundo). Diante da vida cotidiana, a vida filosófica pretende ser superior, e descobre que é vida abstrata e ausente, distanciada, separada. A filosofia tenta decifrar o enigma do real e logo em seguida diagnostica sua própria falta de realidade; essa apreciação lhe é inerente. Ela quer realizar-se e a realização lhe escapa; é preciso que ela se supere enquanto vida filosófica. O homem da filosofia e o homem cotidiano, vamos deixá-los um ao lado do outro, um frente a frente com o outro? É impossível, do ponto de vista filosófico, pois a filosofia quer pensar "tudo", o mundo e o homem, depois se realizar. É igualmente impossível do ponto de vista do homem cotidiano, já que a filosofia lhe traz uma consciência e um testemunho decisivos, porquanto ela é a crítica ao mesmo tempo vã e radical do cotidiano.

Para tentar ligar alguns pontos dessa narrativa, retomo as falas de Maturana (1997, p. 30-31) em relação à "vocação quase natural" dos cientistas para explicar e a relação desse explicar que o biólogo chileno faz com a vida cotidiana. Se, como ele nos diz,

> a validade da ciência está em sua conexão com a vida cotidiana e que, na verdade, a ciência é uma glorificação da vida cotidiana, na qual os cientistas são pessoas que têm a paixão de explicar e que estão, cuidadosamente, sendo impecáveis em explicar apenas de uma maneira, usando um só critério de validação de suas explicações, que tem a ver com a vida cotidiana

a isto se contrapõe a passagem em que Gaston Bachelard mostra exatamente o inverso disso.

> As ciências físicas e químicas, no seu desenvolvimento contemporâneo, podem ser caracterizadas epistemologicamente como domínios de pensamento que rompem nitidamente com o conhecimento vulgar. O que se impõe à constatação desta profunda descontinuidade epistemológica é que «a educação científica», que julgamos suficiente

> para a cultura geral, não visa senão a física e a química mortas, no sentido em que dizemos que o latim é uma língua «morta». Não há nisso nada de pejorativo, se apenas quisermos fazer notar que existe uma ciência viva. O próprio Émile Borel mostrou que a mecânica clássica, a mecânica morta, continuava a ser uma cultura indispensável para o estudo das culturas contemporâneas (relativista, quântica, ondulatória). Mas os rudimentos já não são suficientes para determinar as características filosóficas fundamentais da ciência. O filósofo deve tomar consciência das novas características da ciência nova. (1984a, p. 18)

No entanto, é interessante pensar que passa a existir um outro cotidiano, o científico, o cotidiano em que o saber prático é produzir um conhecimento teórico sobre o mundo, do qual fazem parte os saberes práticos do cotidiano do senso comum. Enquanto algumas coisas são dissecadas e fracionadas, mortas e isoladas do real, nos laboratórios das experimentações, para que as explicações simplificadas das partes se somem para produzir a compreensão do todo, esse todo da complexidade da vida cotidiana continua na sua trajetória de existir aparentemente independente das explicações científicas.

Des-dicotomizando o conhecimento científico ou perguntando: modernidade e pós-modernidade são farinha do mesmo saco? Ou será a modernidade a placenta do cotidiano como epistemologia?

De cara, é necessário declarar a quase impossibilidade de não dicotomizar, pois uma possível incapacidade de ver-me livre das marcas da estruturação dos discursos da modernidade – que *esconderrevela* a maneira de pensar moderna – pode ser compreendida como estilo ou, pelo menos, um recurso discursivo para estar fazendo intencionalmente o que seria feito sem intenção. Dada a "desculpa" da minha veia dicotômica, posso passar um pouco para a de outras pessoas que, estudiosos que são das histórias das ciências e dos conhecimentos, dicotomizam com mais propriedade que eu. Sem nenhum tipo de intenção acusatória, mas, ao contrário, pedindo uma ajuda valiosa na reflexão sobre as ciências, tomo emprestado de Boaventura de Sousa Santos (1989, p. 5-6) o primeiro parágrafo do seu "discurso sobre as ciências":

> Estamos a quinze anos do final do século XX. Vivemos num tempo atónito que ao debruçar-se sobre si próprio descobre que os seus pés são um cruzamento de sombras, sombras que vêm do passado que ora pensamos já não sermos, ora pensamos não termos ainda deixado de ser, sombras que vêm do futuro que ora pensamos já sermos, ora pensamos nunca virmos a ser. Quando, ao procurarmos analisar a situação presente das ciências no seu conjunto, olhamos para o passado, a primeira imagem é talvez a de que os progressos científicos dos últimos trinta anos* são de tal ordem dramáticos que os séculos que nos precederam – desde o século XVI, onde todos nós, cientistas modernos, nascemos, até ao próprio século XIX – não mais do que uma pré-história longínqua. Mas se fecharmos os olhos e os voltarmos a abrir, verificamos com suspresa que os grandes cientistas que estabeleceram e mapearam o campo teórico em que ainda hoje nos movemos viveram ou trabalharam entre os séculos XVIII e os primeiros vinte anos do século XX, de Adam Smith e Ricardo a Lavoisier e Darwin, de Marx e Durkheim e Max Weber e Pareto, de Humbolt e Planck a Poicaré e Einstein. E de tal modo é assim que é possível dizer que em termos científicos vivemos ainda no século XIX e que o século XX ainda não começou, nem talvez comece antes de terminar. E se, em vez de no passado, centrarmos o nosso olhar no futuro, do mesmo modo duas imagens contraditórias nos ocorrem alternadamente. Por um lado, as potencialidades da tradução tecnológica dos conhecimentos acumulados fazem-nos crer no limiar de uma sociedade de comunicação e interactiva libertada das carências e inseguranças que ainda hoje compõem os dias de muitos de nós: o século XXI a começar antes de começar. Por outro lado, uma reflexão cada vez mais aprofundada sobre os limites do rigor científico combinada com os perigos cada vez mais verossímeis da catástrofe ecológica ou da guerra nuclear fazem-nos temer que o século XXI termine antes de começar.

Penso, fazendo coro com Boaventura, compreendendo que, usando o adjunto adverbial de intensidade "meio", abro a possibilidade de também dizer: penso que podemos estar meio achados. De uma maneira ou de outra – perdidos ou achados (meio a meio) –, quero reforçar, do Boaventura, a imagem de um período de transição que ele compõe através do jogo do olhar para o passado e para o futuro e a referência que ele faz aos grandes cientistas estarem situados, em vida e trabalho, num período menos transitório, se podemos assim dizer.

Mesmo tendo conseguido a planta do labirinto, a questão central é saber onde estamos nesse labirinto para nos podermos situar, senão, é como uma placa no meio do deserto dizendo "você está aqui", lugar em que essa informação não vale de absolutamente nada. Talvez, portanto – e apenas talvez, portanto –, estejamos no meio de uma crise paradigmática do conhecimento – ou será da ciência? –, como nos faz pensar Boaventura, e não saibamos nos situar nessa crise, pois, na verdade – lá vem o pensamento de formatação moderna –, temos uma forma(ta)ção moderna e conhecemos o mundo modernamente e, ao mesmo tempo, circulam em nossas *"cabeçascorações"* as pós-modernidades, ou melhor, algumas maneiras *nãotãomodernas* de relação com o mundo e com o conhecimento e com a ciência.

Outra dicotomização muito apropriadamente formulada encontro em Edgar Morin (2000, p. 15-16):

> Há três séculos, o conhecimento científico não faz mais do que provar suas virtudes de verificação e de descoberta em relação a todos os outros modos de conhecimentos. É o conhecimento vivo que conduz a grande aventura da descoberta do universo, da vida, do homem. Ele trouxe, e de forma singular neste século, fabuloso progresso ao nosso saber. Hoje, podemos medir, pesar, analisar o Sol, avaliar o número de partículas que constituem nosso universo, decifrar a linguagem genética que informa e programa toda organização viva. Esse conhecimento permite extrema precisão em todos os domínios da ação, incluindo a condução de naves espaciais fora da órbita terrestre.
>
> Correlativamente, é evidente que o conhecimento científico determinou progressos técnicos inéditos, tais como a domesticação da energia nuclear e os princípios da engenharia genética. A ciência é, portanto, elucidativa (resolve enigmas, dissipa mistérios), enriquecedora (permite satisfazer

> necessidades sociais e, assim, desabrochar a civilização); é, de fato, e justamente, conquistadora, triunfante.
>
> E, no entanto, essa ciência elucidativa, enriquecedora, conquistadora e triunfante, apresenta-nos, cada vez mais, problemas graves que se referem ao conhecimento que produz, à ação que determina, à sociedade que transforma. Essa ciência libertadora traz, ao mesmo tempo, possibilidades terríveis de subjugação. Esse conhecimento vivo é o mesmo que produziu a ameaça do aniquilamento da humanidade. Para conceber e compreender esse problema, há que acabar com a tola alternativa da ciência "boa", que só traz benefícios, ou a ciência "má", que só traz prejuízos. Pelo contrário, há que, desde a partida, dispor de pensamento capaz de conceber e de compreender a ambivalência, isto é, a complexidade intrínseca que se encontra no cerne da ciência.

Ao descrever sua compreensão da ciência moderna e dos conhecimentos por ela produzidos, Morin alerta para o fato de que um dos riscos evidentes dessa ciência é a própria dicotomização, pois os efeitos de sua produção acontecem para o bem e para o mal, mas que, nem por isso, devemos pensar em uma ciência "boa" ou "má", mas sim na "complexidade intrínseca que se encontra no cerne da ciência". Mesmo sem discordar de vírgula do que nos coloca o estudioso francês – será que o fato de ele ser francês tem alguma relação com o que ele está querendo dizer sobre... não, acho que não –, preciso acrescentar que a complexidade, tal qual o cotidiano, sempre existiu enquanto forma de organização do mundo e da vida, e é preciso considerar que essa complexidade, enquanto postura epistemológica de *produzirinterpretar* conhecimentos, faz parte das outras maneiras de conhecer que surgem da crise da modernidade, e que, sem entrar – ainda – no mérito da questão, tem a pretensão – cognitiva e autoral – de ser uma maneira hegemônica a substituir a "antiga" hegemonia inventada faz alguns séculos. Essa tendência a que me refiro faz parte – caracteriza? – da maneira moderna de ser, e não da que denominamos pós-moderna, como apresenta Henri Lefebvre (1991, p. 73):

> A vida cotidiana se organiza como resultado de uma ação combinada, semiplanejada (na França). Cada vez mais clara e fortemente as atividades chamadas superiores (formas, modelos, conhecimentos aplicados) não apenas se situam em relação ao cotidiano, mas ainda o tomam por objeto. Ele se torna o *plano* sobre o qual se projetam os claros e os escuros, os vazios e os cheios, as forças e as fraquezas dessa sociedade. Forças políticas e formas sociais convergem nessa orientação: consolidar o cotidiano, estruturá-lo, torná-lo *funcional*. Os outros níveis do social (exceto o Estado, que funciona muito alto na estratosfera sociológica) existem apenas em função da cotidianidade. A importância das estruturas e seu interesse medem-se de acordo com essa capacidade de "estruturar" a vida cotidiana.

De forma bastante rica no sentido da reflexão, também dicotomiza as relações entre conhecimentos e cotidiano. Essa fala de mais um francês me revela que – como já me alertou Boaventura Santos (português) – aquela brincadeira de um outro francês – Bachelard – em separar os conhecimentos científicos dos saberes do senso comum funcionou muito bem, mas não 100%, na medida em que esses conhecimentos hierarquicamente superiores produzidos por pessoas – cientistas – supostamente superiores fazem parte de uma cotidianidade – da ciência e dos cientistas – que é tão cotidiana quanto a dos que não são cientistas e que, por determinação científica, não são capazes de produzir ciência. E me vem a dúvida se o que temos nessa ruptura epistemológica é uma separação de fato dos conhecimentos ou uma reserva de mercado.

A pergunta-subtítulo ainda está no ar, mas o que se vai configurando para mim é que temos não somente uma variedade enorme de farinhas – que se prestam à preparação das mais variadas guloseimas –, mas também uma diversidade grande de sacos – que guardam farinhas específicas, mas que, muitas vezes, abrigam misturas farináceas das mais complicadas e complexas – e que essa coisa meio dicotômica vai adquirindo um sentido politômico, que pode até ser relações entre relações dicotômicas, tricotômicas, quadricotômicas, e assim por diante. Por essa lógica – que pode ser a moderna –, a própria modernidade não é uma única farinha conformada num único saco, mas sim a pluralidade tanto de farinhas como de sacos; palavras que, ao terem seus sentidos relacionados aos conhecimentos, deveriam ser substantivos *pluralia tantum*.

No entanto, o que acabamos de dizer da modernidade – farinhas e sacos – também pode ser dito da pós. Aliás, em termos de pós-modernidade, haja sacos para tantos tipos de farinha. Já procurei mostrar alguns riscos, fantasmas e cuidados que deveria tomar, que denominei de limitações das quais devemos ter consciência até mesmo antes de delimitar o assunto sobre o qual nos propomos a falar. No curso da escritura, percebi um outro cuidado necessário, que me leva a uma atitude:

Abro parênteses (para lembrar ao leitor que comecei este texto comunicando que sou cotidianista de nascença, o que é absolutamente [adjunto adverbial de afirmação] uma possibilidade [cria uma contradição com a circunstância de afirmação que antecede] de verdade para mim. No entanto, a começar pela segunda parte do título do texto ["modernos e pós-modernos e seus conhecimentos cotidianos"], fica estabelecida uma relação de certa antagonia entre os dois paradigmas que se referem ao conhecimento – modernidade e pós-modernidade. Essa relação de certa oposição, no entanto, não inclui o cotidiano, que, para mim, enquanto uma lógica que, anterior à modernidade, por ela passa e chega ao que chamamos de pós-modernidade, e, certamente – será perigosa essa expressão, em se tratando de relações paradigmáticas? –, vai seguir seu curso em outros paradigmas que porventura venham a aparecer na trajetória do conhecimento e suas relações todas.

> As sociologias – assim mesmo, no plural consideradas (quer sejam compreensivas, interpretativas, explicativas, funcionalistas, holistas ou atomistas) – procedem, correntemente, a contextualização. Mas fazem-no de maneira diferente. Ou seja, há várias maneiras de contextualizar, as quais asseguram uma pluralidade – por vezes conflituosa – de diferentes

> leituras, tendências ou correntes sociológicas. Uma dessas maneiras é feita pela via do quotidiano.
>
> A vida quotidiana pede sempre um complemento circunstancial. Vida cotidiana de quem?, em que situação?, em que contexto? Foi assim, pela via do quotidiano, que senti necessidade de reflectir sobre o que se deve ou não entender por um contexto social. Pela via do quotidiano, ou seja, entendendo o quotidiano como um paradigma de toda uma série de interrogações: sobre o poder, as instituições, as representações sociais. É nesse sentido, aliás, de significante flutuante do real-social, que a perspectiva do quotidiano se mostrará mais reveladora. (PAIS, 2003, p. 115)

Essa questão entre parênteses me surge ao dialogar com Machado Pais, cujo trecho mostra a sua compreensão de que o cotidiano é um paradigma, como se pode observar. Como tal, e entendendo que modernidade e pós-modernidade também se enquadram nesse "conceito" de paradigma – e entendendo, também, que esse termo tem um significado principal de modelo, quer no seu uso não-científico quer como referência do que Thomas Kuhn designou "realizações científicas" –, haveria uma relação possível entre modernidade, pós-modernidade e cotidiano, pela compreensão de que, enquanto paradigmas relacionados ao conhecimento, poderiam ser caracterizados por epistemologias próprias.

No entanto, o uso que farei da noção de cotidiano se afasta um pouco do conceito de paradigma, na medida em que defendo que, tanto na modernidade quanto na pós-modernidade, o cotidiano é uma constante, seja pela sua negação enquanto *espaçotempo* de produção de conhecimentos, seja pelo contrário disso. Assim sendo, e sem abrir mão do importante diálogo com José Machado Pais, me permito, nesse ponto, me afastar do sentido que ele dá ao cotidiano) Fecho parênteses.

Des-dicotomizando as diferenças e as semelhanças

> Vamos separar definitivamente a pureza filosófica e a impureza cotidiana? Vamos considerar desamparado o cotidiano, abandonado pela sabedoria à sua própria sorte? Podemos

> dizer que é a tela que impede a profundidade luminosa de jorrar sobre o mundo? Que a inevitável trivialidade dirigida ao ser e contra o ser, depuração da verdade, e "na medida em que é isso tudo", faz parte da verdade e do ser? Ou tornamos vã a filosofia, ou fazemos dela a cabeça e o ponto de partida de uma transformação do mundo não-filosófico, na medida em que ele se revela trivialidade, banalidade prática e prática banal.
>
> Fica então aberto apenas um caminho: descrever e analisar o cotidiano a partir da filosofia, para mostrar sua dualidade, sua decadência e fecundidade, sua miséria e riqueza. Isso implica o projeto revolucionário de um parto que tirasse do cotidiano a atividade criadora inerente, a obra inacabada. (Lefebvre, 1991, p. 18)

De certa forma, poderíamos dizer que modernidade e pós-modernidade têm semelhanças muito diferentes e diferenças muito semelhantes. Mais do que um simples jogo de palavras, essa frase traz a minha crença de que, pela via do cotidiano, há muita modernidade na pós-modernidade e vice-versa. "Vamos separar definitivamente a pureza filosófica e a impureza cotidiana?", pergunta Lefebvre. Ou, questiona Abraham Moles: "Será possível elaborar uma teoria do mundo sem tocar nele?" (1985, p. 61). Essas e muitas outras questões podem – e devem – ser colocadas na busca de alguns caminhos que nos possam orientar na compreensão das identidades possíveis para a modernidade e para a pós-modernidade. Por falar em identidades, ao que parece, Stuart Hall (2003, p. 7) faz parte dos estudiosos que consideram que estamos passando por uma grande crise, na qual ele privilegia, em seus escritos, a questão da identidade cultural.

> A questão da identidade está sendo discutida exatamente na teoria social. Em essência, o argumento é o seguinte: as velhas identidades, que por tanto tempo estabilizaram o mundo social, estão em declínio, fazendo surgir novas identidades e fragmentando o indivíduo moderno, até aqui visto como um sujeito unificado. A assim chamada "crise de identidade" é vista como parte de um processo mais amplo de mudança, que está deslocando as estruturas e processos centrais das sociedades modernas e abalando os quadros

de referência que davam aos indivíduos uma ancoragem estável no mundo social.

São inúmeros os autores que apontam as diferenças entre o pensamento moderno e o pós-moderno. Até por prudência, não vou – de imediato apenas – discordar deles, mas devo refletir um pouco que essa postura é dicotômica, pois coloca modernidade e pós-modernidade como "inimigos", como se a aceitação de um implicasse, automaticamente, a negação do outro. Se tomarmos por base o modo de fazer ciência, de produzir conhecimentos e os resultados obtidos por esse *modus faciendi*, a dicotomia é perfeitamente cabível, pois, por oposição ao que se considera um mal, uma maneira determinista de produzir conhecimentos ou, como denomina Lefebvre (1991, p. 154-segs), o que se caracteriza como uma *sociedade repressiva*, podemos ter um bem, uma maneira não-determinista de produzir conhecimentos ou uma sociedade justa.

> Cada um à sua maneira, os especialistas das ciências parcelares recortam os fatos; eles os classificam de acordo com categorias às vezes empíricas ou abstratas; atribuem-nos a setores diferentes: sociologia da família, psicologia do consumo, antropologia ou etnologia estendidas às sociedades contemporâneas, descrição dos hábitos e dos comportamentos. Eles deixam aos práticos – publicitários, planificadores – a tarefa de organizar tudo e de fabricar uma coesão com o quebra-cabeça dos fragmentos. Ou, melhor ainda, desenham os fatos cotidianos como se não fossem dignos de conhecimento: os móveis, os objetos e o mundo dos objetos, os empregos do tempo, as banalidades, os anúncios nos jornais. Eles se juntam assim aos filósofos, cheios de desprezo pela *Alltäglichkeit* (cotidianidade). (Lefebvre, 1991, p. 33)

Concordo com Lefebvre que a modernidade recortou fatos, classificou, organizou de maneira partitiva e que, ao fazê-lo, produziu segregação; concordo com Edgar Morin (2002, p. 16) que "o desenvolvimento disciplinar das ciências [...] traz [...] os incovenientes da superespecialização, fragmentando o saber;" e como não concordar com Nilda Alves (1999, p. 112), que constata que

> tal fracionamento será gerado ao mesmo tempo em que a hierarquia dos conhecimentos – de um lado, os conhecimentos centrais, fundamentais, basais, anteriores e de outro, os periféricos, superficiais, posteriores — vai, também, se estruturar em lugares estanques aos quais se vai dando o nome ciências, no plural, e à sua reprodução na escola, em qualquer dos seus níveis, na sua estruturação curricular, o nome de disciplinas – que têm, enquanto termo, um expressivo duplo sentido[?]

Concordo também com Boaventura (SANTOS, 1989, p. 34) sobre os riscos da transformação da relação eu/tu em relação sujeito/objeto, uma relação feita de distância, de estranhamento mútuo e de subordinação total do objeto ao sujeito (um objeto sem criatividade nem responsabilidade); e faço coro com Inês Barbosa quando aponta que

> o universalismo moderno, com sua suposta neutralidade objetiva, afigura-se inadequado para pensar a emancipação, negando a legitimidade da existência do diferente, encarando toda diferença como desvio do "certo" e "universal", transformando o que é mera diferença em desigualdade, através da difusão da idéia de verdade única e da conseqüente imposição de um modelo particular de ser humano e de comportamento ao conjunto da humanidade (OLIVEIRA, 2003, p. 31).

Poderia ficar, por parágrafos e parágrafos – até mesmo por teses e teses[5] –, organizando discursos de cumplicidade em que a modernidade fosse julgada e condenada como culpada pela situação da raça humana hoje, pelas guerras, pelos sistemas de dominação econômica, pelas novas formas de subordinação de uns povos a outros. Poderia até reunir algumas opiniões de pessoas importantes que "provariam" que os cientistas modernos, culpados pela situação do mundo, são uns canalhas, pessoas que se venderam a ideologias capitalistas ou socialistas ou outras no conhecimento que produziram. Mas prefiro ficar com a compreensão Carlos Eduardo Ferraço, que buscou a humanidade das

[5] Lembro ao leitor que este texto teve sua formulação original na minha tese de doutorado (SGARBI, 2005).

pessoascientistas, e não o que o conjunto da produção moderna de conhecimento nos levaria a deduzir – procedimento bem moderno – sobre eles.

> Apesar de a modernidade ter pretendido exterminar da produção científica a imaginação, a intuição e os sonhos, inúmeros são os exemplos, na história da ciência, da força dessas dimensões do pensamento humano na produção do conhecimento. Começando por Einstein, cuja **citação anterior**[6] atesta de forma clara sua opinião, passando por Newton e Descartes, considerados representantes máximos da ciência moderna, encontramos fatos inusitados. Fatos dificilmente relatados nos livros e manuais acadêmicos. Fatos que atestam o quão humanos foram os cientistas, apesar de não poderem assumir isso em seus textos. Fatos que falam da vida cotidiana dessas pessoas e que, por isso, as despem da artificialidade de suas imagens fabricadas. (1999b, p. 38-39)

Num mesmo movimento, mas com referências trocadas, poderia também organizar alguns autores como cúmplices para tecer uma crítica ao que está posto como pós-modernidade, desde a exarcebação do relativismo até críticas mais contundentes que rotulam cientistas de não-cientistas porque eles não seguem as normas estabelecidas pela maneira moderna de produzir conhecimentos, ou seja, pela ordem, pela racionalidade, pela maneira de classificar e ordenar, de hierarquizar, de metaforizar, entre muitos outros elementos citáveis. Será, tão-somente, uma questão de referencial? Talvez uma piada nos possa motivar à reflexão sobre isso:

> Duas mulheres, conhecidas antigas de certa vida social, se encontram depois de grande tempo sem se verem. Beijinhos para lá e para cá, uma pergunta:
>
> – Como você está, amiga?

---

[6] Citação anterior: "A imaginação é mais importante que o conhecimento, pois o conhecimento é limitado, enquanto a imaginação pode abranger tudo o que existe no mundo, incentiva o progresso, é fonte de evolução e, no sentido estrito, é fator real de investigação científica" (EINSTEIN *apud* KORSHUNOVA; KIRILENCO, 1986, p. 182).

> – Muito bem. Você se lembra da Belinha, minha filha? Casou recentemente com um rapaz ótimo, que gosta muito dela e faz todas as suas vontades, além de ser muito prendado. Ele arruma a casa, lava e passa a roupa, cozinha que é uma beleza e, pasme, faz questão de levar café na cama pra minha filha. E você, como tem passado?
>
> – Não tão bem quanto você, querida. Lembra do Ricardo, meu filho mais velho? Ele também casou faz pouco tempo, mas não teve a sorte de sua filha, pois a mulher dele é uma megera que você nem imagina. Ela obriga meu filho a arrumar a casa, a lavar e passar a roupa, a cozinhar. E sabe da maior? Até café na cama meu filho tem que preparar para ela.

Como se pode observar na situação descrita acima – e pelas reflexões que muitos autores têm feito sobre o discurso, tendo em Norman Fairclough uma referência –, o sistema de valores de uma e de outra posições "coordena" a criação dos discursos que inventam a posição e sustentam a sua existência pela criação de argumentos. Assim como Ferraço traz um questionamento sobre os rótulos que emolduram cientistas modernos a partir da imaginação, outros elementos podem ser geradores de polemizações sobre essa dicotomia que, pelo que podemos observar, vem de parte a parte, o que me faz lembrar uma *pequena história* sobre a minha família, que meu avô me contava do alto de sua sabedoria – bem pós-moderna, pelo que agora posso me lembrar e nomear.

> Pequena história
>
> Dizia meu vovô Dário, que, na Itália, havia uma família Sgarbi e uma Isgarbi, e que uma acusava a outra de roubar cavalos. Com um sorriso maroto, dizia ele para fechar a historinha:
>
> – Ambas tinham razão.

Fico pensando – e alguns diálogos que tenho feito me dizem que não estou sozinho nisso – se essa relação de oposição tão dicotômica pode ser feita entre esses dois "paradigmas", ou se outras relações *podemdevem* ser estabelecidas entre os dois "modelos" de pensamento e de *pro-*

duçãotessitura de conhecimentos que nos possibilitem pensar em mudanças gradativas de sentido mais do que em *rupturas beligerantes* entre maneiras *diferentesdivergentes* de pensar e de se posicionar no mundo. A salva de tiros despejada por António Manuel em Boaventura Santos não se deve apenas a questões terminológicas, evidentemente; não se trata da defesa, de um e de outro, apenas de posições pessoais a favor ou contra uma corrente de pensamento. Existe muito mais em jogo nessas chamadas "guerras da ciência". A começar pela segunda parte do título do livro do físico português – *obscurantismo e irresponsabilidade* –, que pode, muito bem, ser pensada a partir da lógica das duas senhoras que se encontraram na página anterior.

> As disputas entre os defensores da "verdade", da "objetividade", da "razão" e da "civilização ocidental" e os protagonistas dos "valores", do "relativismo" e do "multiculturalismo" têm vindo a assumir, ao longo das duas últimas décadas, as proposições de uma verdadeira guerra de trincheiras. A recente avaliação polémica da obra do sociólogo português Boaventura de Souza Santos *Um discurso sobre as Ciências* (1987), levada a cabo pelo físico António Manoel Baptista em *O Discurso Pós-moderno Contra a Ciência: Obscurantismo e Irresponsabilidade* (2002), é mais uma salva de tiros no que veio a ser conhecido por "guerras da ciência". As "guerras da ciência", contudo, estão associadas a uma série mais ampla de preocupações, as "guerras da cultura". Estas discussões, muitas vezes acriminosas, são mais do que uma simples luta entre o velho e o novo, entre o moderno e o pós-moderno. Elas pertencem a uma longa história de debate e de conflito aberto, no mundo moderno, sobre como produzir conhecimentos válidos, quais os terrenos e os âmbitos da autoridade, quais podem ser os seus porta-vozes e, consequentemente, quais as orientações da acção social que podem ser consideradas legítimas. (LEE, 2004, p. 85)

Longe de pressupor que seja *o* "roto falando do esfarrapado", pois, como já vimos, há diferenças abissais entre as duas maneiras de pensar os conhecimentos; podemos perceber que muitas dessas diferenças são soluções de continuidade para a própria ciência. Em que pese a guerra anunciada acima, há muito mais de hereditariedade do que de partenogênese. Portanto, não há que se opor, por exemplo, objetividade à subjetividade, ou melhor, atribuir à modernidade o predomínio da objetividade e à pós-modernidade o da subjetividade. O que temos, me parece, é uma mudança nos sentidos de objetividade e de subjetividade; não tínhamos uma ciência objetiva e, de repente – mesmo que esse de repente seja bem lento e gradual –, passamos a ter uma ciência subjetiva; uma ciência que, pensada pelos cientistas a partir de rígidos e rigorosos pressupostos com base numa lógica que prioriza a objetividade, principalmente pela separação entre sujeito e objeto, como se o mundo estivesse dado independentemente da experiência humana, passa a ser pensada por outros cientistas que compreendem que, por exemplo, essa separação não nos conduziu a verdades absolutas, pois a dinâmica do mundo e da vida social cotidiana não nos permite estabelecer leis definitivas.

[Des] dogmatizando a ciência: o conhecimento pós-moderno faz isso?

A ciência moderna veio ocupar um lugar privilegiado na sociedade. Veio como resultado da luta do homem contra as concepções mágicas, sustentadas pelos dogmas religiosos. Ela passa a ser um discurso de referência, autorizado, em contraposição ao religioso, dominante até então, o que permitia à sociedade situar-se num sistema de referências comuns.

A partir das luzes, o poder do discurso religioso começa a declinar. Prescindindo totalmente da hipótese divina e fortalecida por um determinismo rigoroso e absoluto, a ciência moderna tencionava explicar tudo. Assim, estaria não só em condições de fundar uma ética comum, mas de possibilitar aos homens viver melhor, tanto em termos de conforto oriundo de seus benefícios tecnológicos, quanto na definição da verdade sobre tudo o que nos cerca.

A ciência moderna, na permanente busca pela razão, orientava-se pela técnica voltada para a dominação e manipulação dos fatos e fenômenos da natureza. Seus mentores não

> contavam que a dominação da natureza resultaria na dominação e extermínio da própria vida.
>
> Se na ciência moderna a razão esteve a serviço da dizimação da raça humana, nos dias de hoje a ciência pós-moderna chama a mesma razão para garantir a perpetuação da espécie, em uma proposta de reencantamento do mundo. (Ferraço, 1999b, p. 44-45)

Como não vejo a menor necessidade de reinventar a roda, trago, transcrito acima, um trecho da tese de doutorado de Carlos Eduardo Ferraço que, melhor do que eu poderia fazer, mostra, de maneira sucinta, mas clara, o que representou o desenvolvimento do pensamento moderno e o que está representando o advento do pós-moderno. De sua fala, quero destacar alguns pontos para aprofundar um pouco isso que estou chamando de "des-dicotomização de semelhanças e diferenças", e o primeiro deles é que a ciência moderna veio como resultado da luta do homem contra as concepções mágicas, sustentadas pelos dogmas religiosos. Partindo do significado de dogma[7], compreendo que a ciência moderna, ao pretender explicar tudo e a produzir, para essas explicações, verdades absolutas, leis gerais e inquestionáveis, foi dogmatizada tanto – ou até mais – quanto o discurso religioso que veio combater. Agora, na cultura ocidental, ao invés de um deus todo poderoso, temos muitos: os cientistas, que, como já vimos com o próprio Carlos Eduardo Ferraço algumas páginas atrás, são pessoas absolutamente comuns. Só que, acho – caramba: penso, logo acho. [Melhorou?] –, eles gostaram de brincar de deus.

No entanto, como dissemos Inês Barbosa e eu (2002, p. 7) plagiando Nelson Rodrigues, "da diversidade nós gostamos, já que toda unanimidade é burra". Mas entendemos que a unanimidade não foi uma lei do pensamento moderno que tenha vingado: a diversidade foi mais forte e, nessa diversidade, cientistas discordaram de cientistas. É importante, porém, deixar claro que, se a ciência moderna e suas

---

[7] Ponto fundamental e indiscutível duma doutrina religiosa e, p. ext., de qualquer doutrina ou sistema (HOLANDA, 1999).

maneiras de produzir conhecimentos não foram unânimes, foram hegemônicas, em que pesem as tentativas de unanimização que possam ter sido empregadas.

Vou, mais uma vez, apelar para um "causo" – que, embora tenha sido objeto de divulgação da imprensa, apenas trago na memória – que pode perfeitamente estar adaptando o acontecido para a minha necessidade escriturística do momento:

> Há alguns muitos anos, lá pelos anos 60 do século passado, um cientista, ao fazer pesquisas no Lago Genesaré, onde ocorreu a famosa passagem da pesca de Pedro e outros pescadores, descobriu uma corrente quente em determinada época do ano, o que tinha [tem?] como conseqüência a abundância de peixes.
>
> Feita a descoberta, tornou-a pública, o que apareceu, num certo jornal cujo nome não me recordo, com a seguinte manchete: "Desmistificado o milagre dos peixes". Dessa reportagem, veio à publicação uma outra como resposta à primeira, de um outro cientista, e não de alguém ligado diretamente à igreja católica – pelo que verifiquei na época, esse segundo cientista era agnóstico –, que, primeiramente, elogiava a descoberta do colega e, a seguir, descrevia a metodologia, enumerando os modernos [para a época] equipamentos utilizados na pesquisa.
>
> Com essa maneira de organizar o texto, o *cientistaautordaresposta* mostrou o rigor do colega e a excelência dos resultados, mas fez, quase ao final, uma única pergunta ao descobridor: Como esse tal de Jesus, sem dispor de equipamento algum, sabia dessa corrente?
>
> A partir dessa questão, disse não acreditar em milagres, mas que, pela lógica, o que se chamava de milagre não era o fenômeno natural, mas sim a sua utilização num tempo em que, pelos conhecimentos então existentes, era improvável que o fenômeno fosse de domínio público.

Esse "causo" me traz à reflexão algumas questões, e a primeira delas é a da comunicação entre cientistas, que cria as normas de validação dos conhecimentos. No "causo", não era o conhecimento produzido que estava sendo questionado, mas a sua "tradução" para uma outra lógica que não era a do conhecimento em si, mas de um uso antidogmático que, por conseqüência, dogmatiza o próprio conhecimento. Habermas, ao discutir a *validezvalidade* social das normas, traz como questão que as pretensões de validez normativas *mediatizam* manifestadamente, entre a linguagem e o mundo social, uma *dependência recíproca* que não existe para a relação da linguagem e do mundo objetivo (2003, p. 82).

> Mas, se a validez social de uma norma depende também, a longo prazo, de ser aceita como válida no círculo daqueles a que é endereçada; e se esse reconhecimento por sua vez se apóia na expectativa de que a correspondente pretensão de validez pode ser resgatada com razões; então, entre a "existência" de normas da ação, por um lado, e a esperada possibilidade de fundamentação das correspondentes proposições deônticas, por outro lado, subiste uma conexão para a qual não há nenhum paralelismo no lado ôntico. (Habermas, 2003, p. 83)

Quem conversa com Habermas a respeito é Humberto Maturana, para quem as explicações científicas não fazem referência a realidades independentes do observador (1998, p. 57).

> As explicações científicas têm validade porque têm a ver com as coerências operacionais da experiência no suceder do viver do observador, e é por isso que a ciência tem poder. As explicações científicas são proposições gerativas apresentadas no contexto da satisfação do critério de validação das explicações científicas. O critério de validação das explicações científicas faz referência exclusivamente às coerências operacionais do observador na configuração de um espaço de ações no qual certas operações do observador no âmbito experiencial devem ser satisfeitas. (Maturana, 1998, p. 55)

Para ambos, a linguagem, ou, como preferem alguns autores, o discurso, é o eixo da validação dos conhecimentos científicos, pois é no discurso enquanto prática social que um sistema de validação é criado, com o objetivo de atender aos interesses desse ou daquele grupo de pessoas ou sociedade. No processo de comunicação entre cientistas e, por conseguinte, a partir dos sistemas de validação, pessoas são incluídas ou não como pertencentes ao grupo que valida, e Tonucci (1997, p. 16) nos dá um exemplo bem interessante de como, pela linguagem, essa exclusão se dá. A dogmatização, portanto – não sei se devo ser tão conclusivo –, é uma conseqüência do processo discursivo que, por sua vez, é a maneira usada para validar ou não os conhecimentos produzidos.

CARA SENHORA, EIS OS RESULTADOS DE SUAS ANÁLISES: HEMOGLOBINA 12g X 100 COM VALOR GLOBULAR DE 0,98. COLESTEROL DENTRO DOS LIMITES. A FILTRAGEM RENAL NÃO APRESENTA ELEMENTOS CLARAMENTE PATOLÓGICOS. A CURVA GLICÊMICA ESTÁ DENTRO DOS VALORES NORMAIS. PRESSÃO NORMAL. A SEGUINTE...
É HORRÍVEL!

(1977) Uma consulta para compreender

É claro que essa discussão não pode ser feita de modo tão aligeirado, pois muitas são as implicações e inúmeras as conseqüências dessa dogmatização para a vida social. Um exemplo que me interessa colocar é a questão curricular, pois, na medida em que a maioria dos currículos formais apresenta uma tradução escolar dos conhecimentos científicos, eles trazem, também, junto com os "conteúdos", seu grau de dogmatização. Muitas vezes, no processo educativo, mais do que atividades cognitivas na direção da compreensão de conteúdos, é preciso ter fé. Ainda quero comentar outro ponto que acompanha a dogmatização, que é a hierarquização dos conhecimentos. Nos currículos escolares, até pela carga horária destinada às várias disciplinas, observamos que os conhecimentos teóricos são mais considerados que as disciplinas que abordam conhecimentos práticos, criando, como na figura do cartunista argentino, algumas situações bem incongruentes.

Fica evidente que ao trazer a dogmatização da ciência e ao caracterizá-la a partir de um conjunto de propriedades fundamentais – mas não necessariamente fundantes –, estou dando ao meu texto uma formatação dicotômica, na medida em que o que pretendo é discutir se o chamado conhecimento pós-moderno pode ser relacionado por contraste – talvez ficasse melhor oposição direta – ao conhecimento chamado moderno. Isso sem deixar esfriar o pensamento de Carlos Eduardo Ferraço e outros autores de que o caminho percorrido pela ciência moderna foi absolutamente necessário para a sua sobrevivência, e de que a pós-modernidade seria um movimento muito semelhante (o que me lembra um ditado que diz que aos 14, 15 anos, o menino começa a fumar para mostrar que é homem; aos 40, 50, ele deixa de fumar com a mesma finalidade).

Outro ponto importante nessa comparação entre modernidade e pós-modernidade está bem colocado por Edgar Morin e diz respeito à dissociação entre o sujeito (*ego cogitans*), remetido à metafísica, e o objeto (*res extensa*), enfatizando a ciência (2002, p. 137). Essa separação não vem sozinha, mas se faz acompanhar de toda uma série de oposições que dicotomizam real e irreal, bem e mal, claro e escuro, certo e errado, forte e fraco, mais importante e menos importante, verdade e não-verdade. Esse é um dos processos por meio do qual o pensamento moderno tentou enquadrar o mundo dentro de um modelo legal, determinista, único ao pretender explicar a diversidade a partir da unidade (atomismo mecanicista). Assim, essa forma de pensar não tolera intrusos, não aceita ruídos nem mudanças, a não ser os que ela mesma é capaz de produzir em sua lógica monológica (Azevedo, 2001, p. 61). A ciência moderna procura trabalhar, portanto, com o estatuto de verdade que desconsidera como tal todas as coisas que não caibam em suas explicações ou que não interessa explicar.

Para dar conta da tarefa de explicar, a ciência supõe a verdade como alguma coisa que preexiste ao mundo, um mundo dado que é *desveladoexplicado* por ela a partir de uma lógica central e modelar em torno da qual o mundo deve girar e as coisas se devem encaixar. A partir dessa lógica, a organização, a ordenação, a classificação, a montagem de um sistema de funcionamento para o mundo ao qual "tudo" deve ser submetido. Lekoff e Johnson (2002) trazem essa discussão mostrando que, nessa maneira tradicional de estabelecimento de verdades, fica afastada a compreensão das pessoas. O sentido das coisas não é negociado. No entanto, muitas e muitas coisas – mais elegante seria dizer muitos e muitos conhecimentos, mas não sei se *possodevo* dizer que tudo é conhecimento – ficam de fora tanto das explicações quanto dos moldes produzidos pela modernidade.

> As diferentes explicações de verdade dão origem às diferentes explicações de sentido. Para nós, o sentido depende da compreensão. Uma frase não pode significar nada para você a menos que você a compreenda. E mais, o sentido é sempre o sentido *para alguém*. Não há tal coisa como o sentido de uma frase em si mesmo, independente de qualquer pessoa. Quando falamos em sentido de uma frase, é sempre o sentido da frase para alguém, uma pessoa real ou um membro hipotético típico de uma comunidade discursiva.
>
> Nesse ponto nossa teoria difere radicalmente das teorias tradicionais a respeito do sentido, que postulam ser possível uma explicação da verdade em si mesma, livre da compreensão humana, e fundamentalmente suas teorias do sentido nessa concepção da verdade. Não vemos possibilidade de um programa como esse funcionar e pensamos que a única resposta é buscar tanto a teoria do sentido como a teoria da verdade na teoria da compreensão. (Lekof; Johnson, 2002, p. 291-292)

Boaventura de Sousa Santos (2004, p. 777-ss), ao opor uma razão indolente – como ele chama o *modelo de racionalidade ocidental dominante pelo menos durante os últimos duzentos anos* – a uma razão cosmopolita – modelo de racionalidade que se coloca no combate ao desperdício da experiência –, divide aquele modelo em quatro diferentes formas de razão:

> a razão impotente, aquela que não se exerce porque pensa que nada pode fazer contra uma necessidade concebida como exterior a ela própria; a razão arrogante, que não sente necessidade de exercer-se porque se imagina incondicionalmente livre e, por conseguinte, livre da necessidade de demonstrar a sua própria liberdade; a razão metonímica, que se reivindica como a única forma de racionalidade e, por conseguinte, não se aplica a descobrir outros tipos de racionalidade ou, se o faz, fá-lo apenas para as tornar em matéria-prima; e a razão proléptica, que não aplica a pensar o futuro, porque julga que sabe tudo a respeito dele e o concebe como uma superação linear, automática e infinita do presente. (p. 779-780)

Emociona-me, sempre que leio – e já o fiz várias vezes –, a passagem em que Carlos Eduardo Ferraço conta de sua vida feliz no seu *laboratoriocozinha*, entre experiências de ser cientista e ser feliz sem que uma se oponha à outra.

> Retomando as lembranças da minha juventude penso que, apesar da inconsistência teórica que caracterizava o meu amadorismo científico no laboratório de fundo de quintal, havia um permanente tom de brincadeira, de algo lúdico e artesanal que me motivava a estar lá, dia após dia. Havia a possibilidade constante de criar e recriar, conjugando ação, imaginação e emoção. Os dias passados naquele lugar me possibilitaram uma interação diferenciada com o mundo, vivendo erros, acertos, satisfações e frustrações. Por mais insignificante que fosse para meus professores, havia um sentimento que me realizava como ser humano na medida em que vivia a real possibilidade de que algo pudesse acontecer com o que fazia. Sentimento parecido com de um cozinheiro que, ao inventar uma receita, imagina que todos esperam ansiosos para prová-la. Como se o laboratório fosse uma grande cozinha, e o segredo do sucesso estivesse, não nos pratos prontos, mas nas sensações vividas durante a preparação. (Ferraço, 1999, p. 45)

Sua narrativa me remete a uma das adolescências minhas *ondequando*, com os carinhosos epítetos de *cientista maluco, professor Pardal*, entre outros na mesma linha de significado, me deixava levar pelos sonhos de ser cientista. Como o próprio Ferraço diz, em outro momento do seu texto,

> cientes de que a ciência também se faz com sonhos, todo um grupo de pesquisadores das mais diversas áreas têm conspirado em favor de um conhecimento íntegro, honesto. Como fala Boaventura Santos, "de uma ciência prudente para uma vida decente". Uma ciência que possa ver-se como capaz de proporcionar melhores condições de vida aos seres humanos. Que tenha cor, sabor e cheiro. Que seja mais lúdica, mais solta. (1999, p. 45)

Penso que essas reflexões proporcionadas por Ferraço e Boaventura são um bom gancho para, na continuidade do texto, pensar um pouco se houve, na trajetória do conhecimento ocidental, da ciência produzida no Ocidente, rupturas ou outras possibilidades de movimentos.

Modernidade: placenta do cotidiano como epistemologia

O meu ponto de partida é o de que as rupturas são acontecências que emergem de um processo. Mas essa afirmativa primeira pode ser tão óbvia como a metáfora do elástico sendo puxado pelas duas pontas como processo em que ocorre uma ruptura do elástico quando sua elasticidade termina. Mas como, às vezes, é mais difícil defender o óbvio do que o inusitado, vou-me colocar essa tarefa de defender que a primeira ruptura epistemológica, creditada a Gaston Bachelard, e a segunda, protagonizada por Boaventura de Sousa Santos, são formas de organizar um conjunto de *acontecimentos* de processos contínuos de relação da humanidade – ocidental, no nosso caso específico – com os conhecimentos e, a partir daí, com as suas formas de criação e de fazer ciência.

Nas duas partes anteriores a esta, abordei, respectivamente, as noções de [des]dicotomização e de [des]dogmatização, procurando compreender como as *diferençasdivergências* das "rotulações" moderna e pós-moderna relativas à *produçãoinvenção* do conhecimento e da própria ciência são *produzidasinventadas*. Dito de outra forma, e supondo, como no subtítulo, que essas duas maneiras de pensar sejam "farinhas do mesmo saco", quero caminhar um pouco na contramão de grande parte da literatura e tentar perceber, não onde essas "correntes" se afastam, mas onde elas se aproximam, até para que eu não veja na pós-modernidade um "conserto" da modernidade, mas sim uma trajetória possível, um caminho que não se abriu repentinamente, como ruptura, mas que foi sendo aberto gradativamente, consciente ou inconscientemente, a partir de pessoas – cientistas ou não – que, desobedientes, deram passos em direções não previstas pela lógica dominante. Será que é a isto que Castoriadis (1987a, p. 201) chama de "crise da ciência moderna e progressismo científico?" Às vezes, fico pensando se o que chamamos de pós-modernidade é uma pós-modernidade ou apenas uma crise da modernidade.

> É preciso [...] retomar a interrogação teórica do saber científico sem ignorar que assim fazendo vamos de encontro, frontalmente, à representação comum que o público culto e o outro têm hoje da ciência. Com efeito, por um desses paradoxos aos quais a história acostumou até à náusea aqueles que não se contentam com suportá-la, a época contemporânea, incerta de tudo, gosta de julgar-se certa pelo menos de uma coisa: de seu saber. De fato, às vezes sente um mal-estar ao lembrar-se de que só é seu pela mais temerária das sinédoques, de que seus fragmentos não totalizados e talvez não totalizáveis só existem de posse de algumas corporações cujas línguas não têm mais relação com a sua e cada vez menos com as outras. De fato, ela se interroga periódica e espasmodicamente sobre a relação estabelecida por uma surpreendente falta de relação entre esse pretenso saber e a confusão total em que ela vive, a ausência de fins ou de ilusões que lhe faz as vezes, a impossibilidade de definir uma economia de meios destinados a uma proliferação sem precedente, a preocupante confirmação da relação E = mc2 pelos cadáveres de Hiroshima e Nagasáqui e, mais recentemente, as destruições talvez irreparáveis que com a ajuda desse saber ela pôde infligir em menos

de um século ao equilíbrio de uma biosfera velha de bilhões de anos.

No entanto, como aprofundar essa questão poderia tão-somente ser um silogismo, vou assumir o risco de, desdicotomizadamente, acatar ambas as premissas como verdadeiras, já que, necessariamente, elas não se opõem. E vou entender, também, como me lembra Castoriadis mais uma vez – discutindo o que ele chama de "acelerado processo de destruição do espaço público de pensamento e de ascensão da impostura" –, que a literatura sobre modernidade e pós-modernidade é consistente e os autores são providos de "responsabilidade e pudor", e que, por isso, não chegam a "inventar fatos ou citações" (1987b, p. 32). E que fique claro que nem Castoriadis nem eu estamos nos referindo à noção de invenção de Heinz von Foerster (1996, p. 65-ss).

Abro novos parênteses (relendo esse último parágrafo – que quase foi banido do texto –, tive a sensação nítida de que fiz um desvio no queria dizer, e que, por isso, o texto ficou meio confuso. Pode até ter sido isso. Acho mesmo que esses "brancos" – sem nenhuma conotação preconceituosa – fazem parte do processo de tessitura de idéias em textos. Se eu fosse muito moderno, o parágrafo teria sumido, e a ordem que vinha orientando a organização do texto seria restabelecida, esconderia, por assim dizer, o que não deu certo, deixando aparecer apenas os passos seguros e o resultado final. No entanto, como sou só um pouco moderno, resolvi deixar os indícios (Ginzburg, 1989) do que "não deu certo" para que tanto eu quanto os meus eventuais leitores possam [me] perceber [n]o texto.). Fecho parêntese.

Mas volto à ruptura como um acontecimento[8], como anunciei uma página no passado – usei essa marca de tempo

---

[8] O acontecimento é uma virtualidade, é um puro virtual. É um devir, um movimento infinito. Por isso, é-lhe próprio arquivar o presente, cindi-lo em duas linhas divergentes ilimitadas, passado e futuro, *eventum tantum* ao mesmo tempo sempre já-aí e ainda-não. Daí os dois tempos, Cronos e Aiôn, distinguidos pelo estoicismo. O tempo

apenas para criar contexto com o que preciso usar da noção de acontecimento –, para pensar a ruptura como um paradoxo, pois sua existência no tempo é sempre um presente que se faz com um passado que ainda não se foi totalmente com um futuro que ainda não é. Dito de outra forma, a ruptura é um acontecimento que abandona o passado que a construiu e procura adotar um futuro que ainda vai ser construído. No entanto, eis o paradoxo: se a semente da ruptura está no passado, que a constitui estruturalmente, o futuro – valeria dizer o novo paradigma? – também está estruturalmente ligado ao passado.

Acredito que um pouco desse "mistério" está discutido nas questões que Evelyn Fox Keller (1996) levanta ao inverter as referências feitas por Ernst von Glasersfeld no que tange às condições adaptativas do conhecimento, ou seja, as relações entre o *self* e o outro – sujeito/objeto, por exemplo – entre os conhecimentos e os *sujeitoscientistas* que *inventamcriam* esses conhecimentos e suas "capacidades" de adaptação de um e de outro. [Personificar conhecimento, neste ponto do texto, foi necessário para tentar compreender as questões levantadas por Evelyn Keller.] Penso mesmo que a virtualidade da ruptura epistemológica – talvez "ruptura paradigmática" seja uma terminologia também adequada – tem a ver com as relações subjetivas de cada *sujeitocientista* com os paradigmas hegemônico e um outro que, emergente, pretende ser hegemônico.

---

dos corpos, das suas misturas, dos seus acidentes como efectuações dos acontecimentos é o presente cósmico como unidade do Todo: só o presente existe no tempo, o passado é só um antigo presente, como o futuro, um presente por vir (Cronos). Mas o tempo dos acontecimentos virtuais é outro: só o passado e o futuro insistem no tempo e dividem ao infinito cada presente (Aiôn). Indissociavelmente passado próximo e futuro iminente, como tal invisivel, irredutível ao presente vivido: o paradoxo, esse caráter paradoxal, é uma estrutura objetiva do acontecimento. É também devido a isso, a essa temporalidade acrónica inerente ao acontecimento, que os verdadeiros eventos, ou devires, escapam sempre às "actualidades" mediáticas, ou que os media são em essência incapazes de captar os acontecimentos (DIAS, 1995, p. 96).

> [...] proponho duas categorias de perguntas: a primeira referente ao conteúdo e estrutura dos conhecimentos científicos, onde tento compreender como se dá a seleção de perguntas que alguém se propõe como cientista, e também a seleção daquelas explicações que se encontram satisfatórias ou daqueles métodos que se consideram eficazes. A que foram estas perguntas adaptadas, como refletem determinado tipo de sensibilidade. Para perguntar, depois, como estas sensibilidades, estas subjetividades se expressam nos produtos dessa aventura que nega o *self*. De fato, buscar a imagem do *self* que se expressa na negação do *self*. [...]
>
> Também me proponho outra categoria de perguntas que têm a ver com a evolução da subjetividade, perguntas de natureza psicológica relacionadas com o sentido e o desenvolvimento do *self* e do outro. E o faço precisamente para poder compreender a evolução da subjetividade: o sentido do sujeito e do objeto, o si mesmo e o outro, a evolução cognitiva de um e outro, o sujeito e o objeto em relação [...]. (Keller, 1996, p. 95)

Nessa luta por hegemonia, muitos dos enfrentamentos trazidos pela crise paradigmática são meramente discursivos, pois, a rigor, a crítica de alguns princípios do paradigma hegemônico que se quer substituir já era, também, um dos seus princípios, e os usos de princípios antigos pelo paradigma que pretende a hegemonia não é tão raro assim, e poderíamos até começar pela linearidade, se fosse o caso de discorrer sobre cada um deles – tarefa da qual até quero me incumbir em outro momento.

http://www.ccqhumor.com.br/cartuns/

Eu preciso ter sempre presente que rupturas e paradigmas são invenções humanas e, como tal, expressam trajetórias individuais que formam trajetórias coletivas que formam novas trajetórias individuais que formam novas trajetórias coletivas que formam..., para não ficar como o homem do Ferreth ao lado que encontrou uma lâmpada com um gênio e que, como ele não era gênio nem poliglota, ficou sem entender nada. Como já me declarei *modernomasnãomuito*, me permito perguntar – e penso estar usando uma linguagem compreensível para todos: o paradigma pós-moderno não produz teoria? O paradigma moderno não tem cotidiano? O paradigma pós-moderno não é globalizável? Apenas o paradigma moderno prometeu e não cumpriu? Nessa história, tem mocinho e tem bandido? Se sim, quem são os mocinhos e quem são os bandidos?

Re-dicotomizando e re-dogmatizando como exercício pós-moderno

Para falar dessas duas noções (na abordagem mais pós-moderna) ou conceitos (como preferem os modernos, podendo chegar ao conceito de categoria] – dicotomização e dogmatização –, preciso falar do escolher como um processo epistemológico, na medida em que escolher um lado (dicotomização?) ou uma crença (dogmatização?) pode ser considerado um exercício pós-moderno simplesmente pelo fato de eu já ter escolhido um lado e uma crença. Então, como me disse uma vez o amigo Filé, eu estaria substituindo 6 por ½ dúzia, ou seja, saindo de uma hegemonia para entrar em outra, ou, melhor dizendo, deixando que o modelo hegemônico em mim ditasse todas as maneiras possíveis de pensar, sem que eu pudesse inventar nada ou, como me disse o poeta Manoel de Barros, sem que eu tivesse direito aos meus 10% de mentira no que escrevo, já que 90% é invenção[9]. Fica bastante claro, pelo início deste parágrafo, que meu desejo de misturar modernidade e pós-modernidade começa por sua separação por meio da re-dicotomização, o que me faz repensar uma frase já dita – sou só um pouco

---

[9] "Noventa por cento do que escrevo é invenção. Só dez por cento é mentira." (Entrevista concedida em dezembro de 1997 na Editoria Mais da *Folha de S. Paulo.*)

moderno – sobre o quão pouco ou não pouco – ou muito – sou moderno.

Digo isso porque preciso compreender – e, a partir da minha compreensão, *dizerescrever* dela – por que escolhi falar de boatos, dicotomias, dogmas, rupturas, e não de outras coisas, para estar abordando relações entre uma possibilidade de estar no mundo a que chamamos de modernidade e outra coisa – que nem sei se é outra mesmo – a que resolvemos chamar de pós-modernidade. [Mais uma vez, a primeira pessoa do plural é uma busca de cumplicidade.].

Para além das rotulações e das metáforas – ou mesmo das rotulações enquanto metáforas –, talvez os afastamentos e as aproximações entre essas duas vertentes do pensamento ocidental sejam amplificadas prioritariamente no plano discursivo, e não no plano do real (olha a [re]dicotomia aí, gente!). No entanto, como tem acreditado von Foerster (1996), sendo o mundo uma invenção discursiva, fica evidente que os afastamentos e as aproximações entre modernidade e pós-modernidade instituem, pelo discurso, esses dois "rótulos" como paradigmas, como organizou Thomas Kuhn (Santos, 1989, 1995, 1998).

No entanto, mesmo enquanto paradigmas que têm por base fundamentos tão díspares, não quero, retomando a metáfora anímica, compreendê-los como inimigos, mas sim como um se transformando no outro, assim como o um já foi uma transformação de um outro antes. De qualquer forma, dizer da existência de um e de outro separadamente já indica que o mote da compreensão é o um, e não o outro, que tem como critérios de compreensão possibilidades diferentes da lógica que prediz que o um é um por causa disso e o outro é outro por causa daquilo.

Para mim, uma invenção nildalvesiana é fundamental para compreender o papel da teoria: ela é um limite. Por essa compreensão, um dos grandes limites da ciência moderna, visto por uma possível ciência da pós-modernidade, é achar o caminho único possível para o conhecimento. Daí a dogmatização: a teoria era considerada um deus, e único, onipresente, onisciente, *oniqualquercoisa*. Mas fica o risco de a ciência pós-moderna ser, ela própria, um limite tão poderoso ou mais que a modernidade que ela critica, na medida em que, negando a validade do *outrocientíficomoderno* o exclua como possibilidade, tornando-se, assim, tão ou mais hegemônica que esse outro.

Com certeza*, esse texto possibilita outras viagens além das que eu fiz; certamente*, esse tema possibilita uma enorme e variada gama de viagens que não foram contempladas nos seus roteiros; é evidente* que, ao trazer as discussões que me interessam, deixei de trazer um monte de outras que, mesmo interessantes, não seriam funcionais para a escritura deste texto; é óbvio* que o significado deste estudo só se fará na leitura de outras pessoas, e essas leituras não garantem nem a qualidade da escrita nem a validade dos conhecimentos nele circulados.

É, penso que Bruno Latour (1994) tem certa razão: jamais fomos modernos. Ao mesmo tempo, nos colocarmos como pós-modernos não garante compreendermos o cotidiano como *espaçotempo* de tessitura de conhecimentos. Para além da modernidade e da pós-modernidade, o cotidiano, em toda sua complexidade e rebeldia, atravessa diferentes maneiras de conceber o conhecimento e os modos como são organizados. Se as "idéias" pós-modernas se constituem em redes mais promissoras para uma compreensão do cotidiano como lócus de invenção de conhecimento, a modernidade, com todas as suas restrições ao cotidiano, dele não conseguiu escapar. Ele não é só rebelde, mas também muito persistente em se fazer inevitável na vida das pessoas, cientistas ou não.

Se o cotidiano faz tanto parte da modernidade – e de tudo antes dela – quanto da pós-modernidade – e de tudo após ela –, ele é a própria rede em que os conhecimentos todos se misturam na invenção da vida social. Talvez por isso, mais que uma epistemologia, o cotidiano seja uma epistemomagia.

PARTE II

Estudos do cotidiano, educação e emancipação social

Considerando os muitos mal-entendidos e incompreensões que rondam o campo de estudos do cotidiano, em virtude do modo como o próprio termo é percebido no domínio do senso comum, entendemos ser necessário trazer para este livro, entes mesmo das relações entre os estudos do campo, a educação e a emancipação social, uma discussão a respeito do que seria, para nós, epistemologicamente, cotidiano. Curiosamente, o mesmo senso comum que é percebido como a única forma de conhecimento presente no cotidiano é o que sustenta as acusações, supostamente científicas, de que os trabalhos nos/dos e com os cotidianos não criam conhecimento, só "contam historinhas". Acreditamos, ao contrário, que esses estudos não só criam conhecimentos, mas que, ao fazê-lo, contribuem decisivamente para o pensamento e as práticas voltadas para a emancipação social. Por isso, apresentamos, nesta parte da obra, as questões epistemológicas que envolvem o campo, associando-as permanentemente ao potencial político e social que portam. Ou seja, pretendemos pensar nos modos como seu estudo permite tecer conhecimentos socialmente relevantes, contribuições efetivas à emancipação social, e não apenas elencar possíveis definições de cotidiano.

Status epistemológico do cotidiano: reflexões e abordagens

Apesar da força desse pensamento hegemônico, que prefere se manter alheio aos conhecimentos produzidos no cotidiano e pelos estudos a ele vinculados, bem como aos processos específicos de sua criação, o campo vem se desenvolvendo, tanto em sua especificidade de campo da sociologia quanto nas diferentes apropriações que fazem dele pesquisadores de diferentes áreas. Mais do que isso, temos encontrado nos mais diferentes pesquisadores, alusões à importância sociológica da vida cotidiana, das possibilidades efetivas de ação dos diferentes sujeitos sociais em diferentes circunstâncias e à impossibilidade de contemplarmos a sua complexidade característica por meio de estudos estruturais. Do mundo da vida habermasiano e suas possibilidades de não ser, apesar de colonizado, apenas um reflexo do sistema (Habermas, 1987) a Boaventura de Sousa Santos e a indissociabilidade entre "Sancho Pança e Dom Quixote", nos estudos sociológicos (1993) encontramos numerosas referências à importância da especificidade da vida cotidiana quando se trata de pensar, concretamente, as possibilidades emancipatórias efetivas das sociedades contemporâneas. Não vamos repetir aqui o que já discutimos na primeira parte deste volume. Trata-se, agora, de discutir a importância de se pensar epistemológica e politicamente o cotidiano, considerando a indissociabilidade entre os dois campos, apontada por Santos (1989, 2004) que entende que a justiça global não é possível sem justiça cognitiva. Isso significa que, se desejamos trabalhar por e reconhecer as experiências de emancipação social, precisamos associá-las à crítica e à possível formulação de novas premissas epistemológicas que incorporem a validade e a legitimidade de diferentes saberes, práticas e modos de estar no mundo, superando a hierarquização hoje dominante entre uns e outros e viabilizando processos interativos entre os diferentes que não os tornem desiguais. Ou seja, a discussão que desenvolvemos aqui é a respeito da relação de interdependência entre a democracia social e a democracia cognitiva.

Essa *reflexãoconvicção* gera a necessidade de se repensar as idéias hegemônicas sobre o que é conhecimento, como ele se cria, se desenvolve, se manifesta e se legitima, no sentido do desenvolvimento de novos referenciais epistemológicos que permitam e contribuam para conceber e lutar por uma transformação do atual sistema social de dominação capitalista burguesa em um sistema mais igualitário, epistemológica, política e socialmente, em uma democracia de alta intensidade (Santos, 2002). Mas para pensarmos e agirmos em prol dessa criação, precisamos, não apenas reconhecer processos de criação cotidiana de conhecimentos e de luta emancipatória, mas buscar compreendê-los em suas especificidades em relação aos processos reconhecidos pelo pensamento hegemônico, cuja lógica é considerada a única possível, bem como as interfaces e indissociabilidades entre eles.

Assim, vamos passar a considerar o cotidiano, não como uma instância do real dissociada das estruturas nas quais se inscreve, mas como o campo no qual essas últimas se efetivam, sempre de acordo com as possibilidades e circunstâncias específicas de cada *espaçotempo*. Se reconhecemos, como os diferentes autores com os quais dialogamos, a importância e a efetividade dos *saberespoderes* tecidos cotidianamente pelos diferentes sujeitos sociais, temos que reconhecer a relevância social e política desses mesmos *saberespoderes* para os fazeres emancipatórios. Mais do que isso, toda produção de conhecimento dito científico se dá num *espaçotempo* determinado, numa sociedade em que as relações de força e a distribuição de poderes e saberes tem uma especificidade que interfere na produção social do conhecimento científico e que, portanto, não pode ser entendido de modo autônomo em relação à vida cotidiana.

O filme *O Óleo de Lorenzo*,[1] inspirado em acontecimentos reais, ensina coisas importantes sobre essas questões. Trata-se de um filme no qual

> um médico diagnostica em um garoto uma doença rara, dando-lhe no máximo mais 2 anos de vida. Inconformados com essa situação, seus pais passam então a pesquisar

[1] *Lorenzo's Oil*, (EUA): 1992, Universal Pictures, direção: George Miller.

sobre a doença, a fim de encontrar algo que possa ajudar o filho[2].

Diante do fato, o desesperado pai procura conversar com o médico sobre as alternativas de tratamento, é informado de que são muito poucas e encaminhado a uma associação de pais que vivem o mesmo drama. Ao questionar o médico sobre isso, ouve como resposta que "morrem a cada ano nos EUA, engasgadas com batatas fritas, mais crianças do que as que sofrem da síndrome que seu filho tem. Portanto, pesquisas nessa área são quase inexistentes". Segue-se a esse diálogo, uma discussão a respeito da impossibilidade de se conseguir financiamentos para pesquisas que interessam a tão poucos, evidenciando o critério social e político que rege os estudos que podem levar ao desenvolvimento do conhecimento científico. Ou seja, o desenvolvimento do conhecimento nas diferentes áreas depende do interesse social que tenham, e, portanto, da lógica do sistema social e da vida cotidiana daqueles que nele vivem. Os processos sociais e políticos que deram origem ao desenvolvimento de pesquisas sobre a AIDS, sua transmissão e possibilidades de medicação e cura reconfirmam essa idéia.

Em texto bastante inspirado a respeito da inteligência científica de Joliot, pesquisador francês responsável pelo projeto de desenvolvimento da bomba atômica francesa nos anos 1940, Bruno Latour (2002) traz a mesma discussão, evidenciando a indissociabilidade entre os argumentos políticos e científicos do cientista para manter vivo, ou seja, financiado, seu projeto. Joliot prorizava, em momentos delicados politicamente, o desenvolvimento de resultados que pudessem surtir efeito político. Gerenciava, simultaneamente, sua equipe e os políticos com os quais tinha de negociar. Nesse caso, a questão social define não só o que vai ser pesquisado, mas também os processos de desenvolvimento das pesquisas. Assim, podemos afirmar que as chamadas

---

2 http://adorocinema.cidadeinternet.com.br/filmes/oleo-de-lorenzo/oleo-de-lorenzo.asp

ciências naturais, se têm como objeto o "comportamento" da natureza, são socialmente determinadas, tanto no que se refere ao que interessa pesquisar quanto no que diz respeito aos procedimentos e prioridades.

Todas essas referências evidenciam o caráter social de toda ciência, inclusive as naturais, como já alertava Santos em 1989. Mais do que isso, entende o autor que a distinção dicotômica entre ciências naturais e ciências sociais deixou de ter sentido e utilidade e que a superação dela tende a possibilitar a criação de conhecimentos com base em um paradigma não dualista, fundado na superação das distinções entre natureza e cultura, natural e artificial, vivo e inanimado, mente e matéria, observador e observado, subjetivo e objetivo, coletivo e individual, animal e pessoa. Isso significa que as fronteiras nítidas, a hierarquização, as dicotomias que asseguravam a validade política e epistemológica da divisão ciências naturais/ciências sociais precisam, a partir dessa consciência, ser repensadas. Mais do que isso, é a própria autonomia do conhecimento científico em relação às circunstâncias sociais e políticas no seio do qual são produzidos que é questionada.

Por outro lado, mais do que socialmente indissociáveis, os conhecimentos também o são em seus próprios processos de produção. Os fatores sociais que interferem na produção do conhecimento dito científico não são os únicos. A própria idéia de neutralidade possível do experimento científico em relação a seus realizadores também vem sendo cada vez mais questionada. Nas palavras ainda de Boaventura (Santos, 1989).

> Heisenberg e Bohr demonstram que não é possível observar ou medir um objecto sem interferir nele, sem o alterar, e a tal ponto que o objecto que sai de um processo de medição não é o mesmo que lá entrou. [Essa demonstração traz consigo] a idéia de que não conhecemos do real senão o que nele introduzimos, [...] bem expressa no princípio da incerteza de Heisenberg: não se podem reduzir simultaneamente os erros de medição da velocidade e da posição das partículas; o que for feito para reduzir o erro de uma das medições aumenta o erro da outra. (p. 25-26)

A antropologia contemporânea e os defensores das diversas modalidades de pesquisa social qualitativa apontam essa necessária interferência do pesquisador sobre o universo pesquisado, que torna impossível separar com a nitidez desejada pelo cientificismo o sujeito do objeto. O recurso à física e às idéias de Heisenberg ajuda a compreender que essa impossibilidade não é, como pretenderam e ainda defendem muitos, fragilidade científica das ciências sociais em relação às naturais, mas uma inevitabilidade do ato de pesquisar que deve ensinar a pesquisadores das diferentes áreas que os resultados a que conseguimos chegar são, sempre e necessariamente, probabilísticos, jamais verdades definitivas, provas irrefutáveis.

Os processos de criação de conhecimento científico são, portanto, todos eles, processos sociais nos quais as estruturas sociais, as relações de poder, as circunstâncias do momento, as possibilidades da competência científica e da vida pessoal dos pesquisadores, os *espaçostempos* nos quais tudo será pensado, vivido e produzido se enredam, não permitindo mais que creiamos nem na neutralidade do conhecimento científico nem nas fronteiras que a modernidade pretendeu marcar entre essas diferentes instâncias e dimensões.

A partir desse entendimento, o cotidiano não pode mais ser percebido nem como *espaçotempo* dissociado dos espaços de produção do conhecimento, nem como *espaçotempo* de repetição e mera expressão do chamado senso-comum. Ao contrário, ele assume uma importante dimensão de lócus de efetivação de todos esses entrecruzamentos, é o *espaçotempo* da complexidade da vida social, na qual se inscreve toda produção de conhecimento e práticas científicas, sociais, grupais, individuais. Daí a extrema importância de aprofundar seu estudo e desenvolver a compreensão de sua complexidade intrínseca para pensarmos a realidade social e as possibilidades emancipatórias que nela se inscrevem.

Nesse sentido, precisamos também criar modos de pesquisar que permitam acessar melhor esses tantos cotidianos.

Habermas (1984, 1987) desenvolveu a idéia de que a realidade histórico-empírica, o mundo da vida, precisava ser compreendida enquanto tal, para além de seus determinantes lógico-estruturais. O autor afirma que a realização de determinada estrutura não é e não poderia ser uma transposição não mediatizada de seus elementos estruturais. Conseqüentemente, para ele, a compreensão teórica das estruturas sociais não significa, em si, a compreensão das realidades sociais específicas, sobretudo, de suas possibilidades reais de transformação emancipatória. Melhor motivo para compreendermos como necessidade o estudo das realidades cotidianas para pensar a emancipação social não haveria. Ou seja, compreender a efetividade das condições lógico-estruturais nos diferentes *espaçostempos* seria condição necessária para se desenhar modos alternativos de diálogo e pensar qualquer intervenção sobre eles. Com isso cai por terra a muito difundida e pouco eficaz fórmula da aplicação da teoria sobre a prática, segundo a qual os problemas não resolvidos da realidade são sempre "culpa" de quem não entende ou não sabe usar as idéias, sempre "bem pensadas". Em lugar de tentar ensinar à realidade o que ela deveria ser, esse tipo de reflexão político-epistemológica e metodológica de pesquisa se volta para a compreensão de sua complexidade, das redes de saberes, poderes e fazeres que nela se tecem e que a habitam e das possibilidades de novas tessituras a partir do já existente.

O desafio que se coloca a essa perspectiva teórico-político-epistemológico-metodológica de compreensão do mundo (e da escola) é imenso. O que podemos aprender com o cotidiano? Por que precisamos dessas aprendizagens para pensar a emancipação social? Por que acreditamos que isso vale a pena e é necessário? O que chamamos de conhecimento quando abraçamos esse tipo de compreensão do mundo e das realidades sociais? Isso tudo remete à questão teórico-epistemológica, ou seja, à concepção de conhecimento e dos processos de sua criação e tessitura que os estudos do cotidiano vêm requerendo.

No desenvolvimento dessa reflexão é preciso que, antes de abordarmos a especificidade dessa concepção de cotidiano e sua importância para pensarmos a educação e seu possível papel emancipatório, entremos mais detalhadamente no debate epistemológico em torno do conhecimento: o que é, nessa perspectiva, conhecimento, como ele se cria e se desenvolve, com que finalidades e dispondo de que possibilidades de contribuir para a emancipação social.

O que é conhecimento e como ele se cria: algumas reflexões político-epistemológicas

A primeira grande questão que julgamos necessário abordar é relativa aos desdobramentos da idéia da indissociabilidade entre os fatores intervenientes na criação de conhecimentos. Se as diferentes esferas da vida humana, sejam epistemológicas, sociais, políticas, sejam individuais, não são separáveis quando produzimos conhecimentos, estão permanentemente enredadas umas às outras precisamos pensar a criação de conhecimentos como um processo em rede, que inclui fios de diferentes dimensões de nossas vidas. Assim, vamos considerar que criar conhecimentos é tecer redes das quais fazem parte os diferentes conhecimentos, práticas, experiências, percepções, inserções que nos constituem. Entendemos ainda com Boaventura (2000), que a horizontalização das relações entre as diferentes formas de conhecimento existentes no mundo e o diálogo entre elas é um dos elementos constitutivos da luta política emancipatória pela transformação das atuais relações entre as formas de conhecimento, que privilegiam a ciência moderna desqualificando outros modos de conhecer, em busca de relações mais igualitárias entre os diferentes modos de conhecer. Ele entende ser necessário assumir como fundamento "o caráter epistemológico de todas as formas de conhecimento" e lutar pelo reconhecimento de que

> o perfil epistemológico das relações sociais não é fornecido por uma forma epistemológica específica, nomeadamente a forma epistemológica do espaço mundial (a ciência), mas sim pelas diversas constelações de conhecimentos que

> as pessoas e os grupos produzem e utilizam em campos sociais concretos (p. 326).

Estamos aqui entendendo o conhecimento como sendo tecido em redes, nas quais estão presentes e enredados os diferentes saberes – incluindo as experiências cotidianas – com os quais os diferentes sujeitos mantêm contato ao longo de suas vidas. Assim, considerando a necessidade de horizontalização das relações entre os diferentes conhecimentos e o enredamento que caracteriza essas relações e a tessitura que se dá em seu interior, chegamos a outra premissa relevante dessa nova forma de se conhecer os modos de conhecer: a de que todo conhecimento é coletivamente tecido, pois se enreda ao anteriormente existente, que necessariamente é produto de processos sociais e também porque é tecido no seio das diferentes formas de interação entre os sujeitos que os tecem e criam suas próprias redes e as demais redes de *saberesfazeres* com as quais está em interação.

Essa idéia caminha de par com outra, a de que cada um de nós é uma rede de sujeitos (Santos, 1995), de conhecimentos, de desejos, de crenças e convicções, de idéias e estamos permanentemente inscritos em uma realidade social dinâmica, que nos forja e é por nós forjada, como no dizer de Edgar Morin (2002, p. 182).

> Uma sociedade é produzida pelas interações entre indivíduos e essas interações produzem um todo organizador que retroage sobre os indivíduos para co-produzi-los enquanto indivíduos humanos [...]. Portanto, o processo social é um círculo produtivo ininterrupto no qual, de algum modo, os produtos são necessários à produção daquilo que os produz.

Daí se depreende a necessidade de outra abordagem do campo social a ser conhecido, e do próprio conhecimento que nele se produz. É preciso nos voltar para a compreensão dessa complexidade, dos valores, saberes e modos de interação que lhe são específicos e nos quais se inscrevem e se tecem diferentes redes de conhecimentos. Portanto, a noção de tessitura do conhecimento em redes assume particular importância. É ela que permite considerar os múltiplos saberes, valores e crenças, as múltiplas interações sociais entre os sujeitos dessas redes com suas diferentes experiências, bem como as emoções e os valores que estes mobilizam e outras dimensões das suas existências no estudo dos processos reais de criação de conhecimentos. Nesses últimos, se enredam dimensões da vida consideradas separadas e mesmo antagônicas pelo pensamento hegemônico da modernidade. Assumindo a radicalidade dessa idéia, podemos mesmo afirmar que a própria concepção de diferenciação entre os saberes, e entre estes e as dimensões emocionais da vida, é uma criação artificial e limitadora da nossa possibilidade de compreensão do mundo e do dinamismo da vida e dos processos de aprendizagem. Tão limitadora quanto as divisões entre natureza e cultura, indivíduo e sociedade, teoria e prática, real existente e real produzido, entre outras dicotomias modernas.

No caso da oposição dicotômica entre razão e emoção, considerada talvez a mais patente, pois a racionalidade é a dimensão da nossa vida que nos protege dos delírios e desmandos das emoções, a evidência da indissociabilidade pode ser considerada quase "científica", como esclarece Almeida (2003), com base em Damásio[3]. Diz a autora:

> é no mesmo cérebro, e a partir dos mesmos mecanismos neuronais, que se explicitam o que convencionamos chamar de razão e de emoção. Também Oliver Sacks (1995[4]), com a hipótese da plasticidade neurocerebral, permite reproblematizar a relação, antes inconcebível ou difícil de admitir, entre intelecto e emoções. (p. 27)

Talvez tenhamos, então, a partir dessa argumentação, considerar não apenas os elementos sociais, culturais e epistemológicos para a compreensão dos nossos modos de

---

[3] Antônio Damásio, autor do livro *O erro de Descartes* (Lisboa: Europa-América, 1995.)

[4] A obra de Sacks referida pela autora é *Um Antropólogo em Marte: sete histórias paradoxais*. São Paulo: Companhia das Letras, 1995.

produzir conhecimentos, mas também as características e experiências emocionais dos diferentes sujeitos sociais.

Mais do que artificiais, essas dicotomias assumem importância por outra função que vêm desempenhando desde sua gestação e ainda na contemporaneidade. São amplamente utilizadas politicamente para realimentar a hierarquização entre os elementos de cada par, a partir da idéia da verdade única – científica e universal – que leva à identificação de um dos termos com o certo e do outro com o errado. Se nos comprometemos com a emancipação social, fundada na autonomia intelectual e moral dos sujeitos sociais, com o fim da dominação cultural e a imposição de modelos de conhecimento e de comportamento aos diferentes sujeitos e grupos sociais, com a valorização e o respeito das diferenças, com o direito dos sujeitos de fazerem escolhas com base em seus próprios saberes, valores e experiências, precisamos estar também comprometidos com a superação dessas dicotomias e da hierarquia que delas deriva.

E é isso que a noção de tessitura dos conhecimentos em rede ajuda a fortalecer e a encaminhar epistemologicamente, pois ela permite superar as idéias de fragmentação e hierarquização presentes no entendimento do conhecimento como organizado em árvore, considerando que a idéia da construção do conhecimento usando a imagem da árvore pressupõe linearidade, sucessão e seqüenciamento obrigatório, do mais simples ao mais complexo dos saberes aos quais se deve ter acesso. A questão ainda se desdobra um pouco mais quando aceitamos que a indissociabilidade entre as diferentes instâncias da nossa vida produz efeitos também sobre uma possível concepção de formação identitária. Também nesse caso, o enredamento entre os diferentes modos e *espaçostempos* de inserção social que vivenciamos e a complexidade das relações entre eles levam à noção de redes, nesse caso, redes de sujeitos.

A incorporação da noção de redes aos processos de tessitura de conhecimentos tem outra dimensão importante, que é a da imprevisibilidade. Ao desenvolver sua concepção de que somos redes de sujeitos formadas a partir dos diferentes modos como nos inserimos no mundo (no espaço doméstico, no da produção, no da comunidade, no da cidadania, no do mercado e no mundial), Santos (1995) acrescenta duas importantes dimensões à idéia. A primeira é a de que a incorporação de fios das novas vivências às nossas redes é sempre imprevisível e variável em função das circunstâncias e das possibilidades que elas incluem, o que leva à necessidade de aceitação da indissociabilidade entre os diferentes processos de formação dessas redes, bem como da impossibilidade de localizar com precisão em uma ou outra dimensão de nós mesmos, em uma ou outra experiência vivenciada, a origem das diferentes ações que praticamos em função dos nossos modos de compreender o mundo.

Em segundo lugar, Santos lembra que essas redes de sujeitos são flexíveis em suas manifestações, na medida em que, em momentos diferentes, aspectos diferentes se sobressaem, indo ao encontro do pensamento de um pioneiro da sociologia do cotidiano, Simmel (1971), que defendia a idéia de que as individualidades são múltiplas e variam relacional e socialmente. Ou seja, quer nas redes de conhecimentos quer nas de sujeitos, em momentos diversos, ganham maior visibilidade conhecimentos e facetas de nossa identidade que são diferentes. Isso significa dizer que a indissociabilidade entre diferentes instâncias e pertencimentos não significa monolitismo entre as várias dimensões daquilo que somos, que sabemos e em que acreditamos. Diante de circunstâncias distintas, tenderemos a acionar possibilidades diferentes de nossas redes, sejam as de conhecimentos, sejam as de sujeitos. Assim sendo, podemos, a partir dessas noções, repensar aquilo que aprendemos sobre as relações entre os diferentes conhecimentos e os modos como elas interferem nos processos cotidianos de aprendizagem.

Isso significa que os saberes formais – aqueles que nos são oficialmente ensinados nos bancos escolares ou que se constituem como produtos de investigação científica – não podem ser pensados fora dos contextos sociais e políticos em que são produzidos ou transmitidos e constantemente ressignificados, embora possamos perceber a predominância de uns ou de outros em momentos e circunstâncias diferentes. Isso também inclui os valores e crenças, condições psíquicas e emocionais dos envolvidos, pois tudo isso os integra. Do mesmo modo, a vida cotidiana, as escolhas afetivas e de lazer dos sujeitos sociais são feitas pelos mesmos seres pensantes que aprendem e criam conhecimentos, sem que possamos estabelecer com clareza qual foi o elemento de maior influência nas diferentes escolhas, aprendizagens e criações. Mas certamente entendendo que, em virtude de tantos enredamentos, além da imprevisibilidade temos também limites. Nem tudo é possível, exatamente porque as redes são, também, fundamentos, raízes que circunscrevem o campo de mobilidade das opções (Santos, 2006).

Ou seja, ao contrário da idéia difundida pelos adversários desse modo de pensar, a noção de tessitura dos conhecimentos em redes e de redes de conhecimentos e de subjetividades, como tessituras complexas, caracterizadas pela imprevisibilidade e pela provisoriedade permanentes, não traz consigo a idéia de que tudo é possível, e mais do que isso, de que tudo seria aceitável. Considerar a complexidade dos processos de tessitura como fatores que permitem concluir pela impossibilidade da causalidade linear não significa dizer que não existam relações causais entre ação e suas possíveis conseqüências. Quer dizer apenas que, como já ensinou Heisenberg, estaremos sempre apenas no campo das probabilidades, jamais no das certezas. É preciso não nos enganarmos, como o protagonista de uma excelente anedota sobre o que seria lógica, que, tendo percebido depois de muitas deduções que, por ter um aquário em casa, provavelmente não seria considerado homossexual, conclui que aqueles que não possuem um aquário são, provavelmente, homossexuais. Se não podemos dizer que necessariamente determinadas informações vão levar a determinados modos de conhecimento nem que determinadas experiências vão dar origem a essa ou aquela formação identitária, muito menos estamos afirmando que essa pluralidade de possibilidades é infinita. A existência de muitas possibilidades não quer dizer que qualquer coisa é possível.

Esse novo referencial epistemológico é também um novo referencial político, porque permite questionar a base de legitimação da dominação contemporânea: a superioridade do saber científico sobre as demais formas de conhecimento do mundo e a conseqüente superioridade daqueles que os detêm sobre os demais sujeitos. A concepção de tessitura dos conhecimentos e das subjetividades em redes recupera a indissociabilidade entre os saberes – considerados no pensamento ocidental moderno não apenas diferentes, mas, sobretudo, desiguais, revalorizando a pluralidade de *saberesfazeres* possíveis e desejáveis. Mais do que isso, entendida desse modo, a noção de tessitura do conhecimento em redes, e do próprio enredamento entre as diversas formas de inserção social dos sujeitos sociais, pressupõe a existência de um diálogo permanente entre diferentes sujeitos e instâncias sociais na criação de conhecimento. Ou seja, vão levar ao entendimento de que os conhecimentos são produzidos coletivamente, e não por supostas inteligências superiores e privilegiadas que seriam capazes de chegar aos conhecimentos já preexistentes por esforço e talento individuais.

Infelizmente, na sociedade ocidental contemporânea, a desigualdade estrutural entre os diferentes conhecimentos, experiências e modos de estar no mundo prejudica esses processos dialógicos[5], levando à mutilação de muitas das possibilidades de criação de conhecimentos em virtude da desqualificação de muitas contribuições advindas dos modos de pensar e de conhecer subalternizados. Desmistificando a idéia de um conhecimento absolutizado que se oporia à ignorância em geral, Santos (1989) afirma que "todo saber é saber sobre uma certa ignorância e, vice-versa, toda a ignorância é ignorância de um certo saber". Portanto, revalorizar os saberes cotidianos e outros modos de conhecer

---

[5] Penso que o bloqueio sistemático da comunicação de que fala Habermas (1987) pode ser associado a este processo.

o mundo, reconhecendo em todos eles incompletudes e potencialidades, significa promover a horizontalização das relações entre os diversos saberes, e essa democratização pode ser uma importante contribuição para a criação de novos conhecimentos. Isso nos coloca de novo diante da indissociabilidade entre o político e o epistemológico. A democratização das relações entre conhecimentos e modos de estar no mundo está, assim, também indissociavelmente ligada à democratização social.

A concepção de tessitura do conhecimento em rede traz consigo outra dimensão de alta relevância. Cada sujeito é único no seu modo de tecer suas redes de sujeitos e de conhecimentos, ou seja, não existe nenhuma previsibilidade ou regularidade que permita estabelecer um modelo ou uma regra geral para essas tessituras – embora saibamos também que alguns processos tendem a favorecer encaminhamentos específicos nessas tessituras (cf. Oliveira, 2003). Mais do que isso, se os conhecimentos são o resultado de diferentes modos de articulação entre experiências diversas, fica difícil aceitar a idéia de que os conhecimentos são preexistentes ao ato de conhecer, que são dados "objetivos" a serem acessados, cumulativamente, por sujeitos deles anteriormente desprovidos. Eles seriam muito mais o fruto das permanentes negociações de sentidos operadas pelos sujeitos sociais em contato com o mundo e com os conhecimentos de outros que nele circulam do que algo congelado, pronto, determinado e estático. E se são tecidos a partir do enredamento de novos fios, que modificam as redes anteriormente existentes, tornando-as diferentes daquilo que eram até então, as possibilidades da tessitura de conhecimentos estão vinculadas aos conhecimentos anteriores e às relações que cada sujeito consegue estabelecer entre suas redes e os novos fios com os quais entra em contato e que a elas serão conectados.

Isso significa dizer que, assumindo a noção de tessitura de conhecimento em rede como premissa epistemológica, somos compelidos a aceitar como corolário o fato de que os sentidos que podemos atribuir às experiências vivenciadas e aos demais contatos com o mundo estão sempre e inevitavelmente vinculados àquilo que sabíamos antes. As possibilidades que temos de aprender e de modificar as nossas redes de conhecimentos dependem, portanto, dos significados que podemos atribuir ao novo. Essa aparente obviedade traz consigo uma idéia de relação entre os conhecimentos que interdita a compreensão das disciplinas escolares e das diferentes ciências como saberes isolados uns dos outros, passíveis de serem tratados como partes autônomas, pequenas gavetas isoladas umas das outras, independentes umas das outras e todas elas dos demais elementos que constituem as redes de conhecimentos e valores presentes na sociedade.

Por outro lado, e mais uma vez em acordo com a idéia da indissociabilidade entre as dimensões do político-social, do sociointerativo e do epistemológico, esse enredamento que torna a vida individual e social uma totalidade complexa e assume a dependência recíproca entre o já sabido e as aprendizagens possíveis, tem, também, um significado político. Essa dependência mútua e não causal entre o já existente e o que pode ser criado exige que pensemos o futuro como dependente daquilo que é e pode ser o presente. Boaventura Santos (2004) alerta para isso quando formula as sociologias das ausências e das emergências. Diz o autor que precisamos considerar, com a sociologia das ausências, os múltiplos "presentes" tornados invisíveis em virtude do não reconhecimento de sua validade pela modernidade e, com a sociologia das emergências, as impossibilidades de futuros desvinculados daquilo que fazemos, aprendemos e tecemos hoje, política e epistemologicamente. Ou seja, não há novidade possível a partir do inexistente, como, aliás, se evidencia se refletimos sobre essa própria formulação teórica. Podemos considerar que, já na formulação marxiana de que nenhuma sociedade se coloca problemas para os quais ainda não tenha soluções, a idéia do vínculo entre o que sabemos e fazemos hoje e aquilo que saberemos e poderemos fazer no futuro está presente. Com Habermas (1984), quando este diz que os sentidos da evolução social serão sempre definidos pelo saber prático-moral acumulado pela sociedade, temos de novo a idéia dessa indissociabilidade. Podemos, portanto, concluir que o otimismo na criação de um futuro que seja mais do que o presente permite conceber, criar e se tornar é quimera idealista (Santos, 2004; Oliveira, 2006).

Aprofundando a noção de cotidiano

No que interessa aos estudos do cotidiano, às pesquisas nos/dos/com os cotidianos em educação e à questão da possível contribuição desses para a emancipação social, essa última reflexão é de extrema relevância na medida em que coloca em destaque o desafio da compreensão das redes de *saberesfazeres* e valores presentes nas realidades cotidianas dos diferentes *espaçostempos* de prática social para o desenvolvimento de alternativas sociais emancipatórias. Apenas a partir da compreensão dessas redes, e das aprendizagens que elas permitem conceber, é que podemos pensar, de modo coerente política e epistemologicamente, mudanças sociais significativas e condizentes com as possibilidades concretas de efetivação. E se as queremos emancipatórias, é preciso descobrir que práticas e reflexões podem favorecer a tessitura de redes de conhecimentos e de redes de subjetividades emancipatórias, que levem os sujeitos sociais e as instituições ao desenvolvimento de práticas sociais mais próximas dos princípios emancipatórios.

Os fundamentos político-epistemológicos que estamos considerando aqui incluem a superação da dicotomização e da hierarquização entre os diferentes *saberesfazeres* e entre os seus "possuidores". Assim, ao considerar o enredamento entre os diferentes *saberesfazeres* presentes na vida cotidiana e entre eles e as formas de inserção social e de interação entre os diferentes sujeitos na tessitura de redes de conhecimentos, essa horizontalização permite também revalorizar o caráter necessariamente coletivo dessa criação e, daí, a necessidade de reconhecer que as lutas emancipatórias são, elas também, necessariamente coletivas. Assim, no contexto dos estudos do cotidiano, entende-se o cotidiano muito para além da idéia deste como espaço de mesmice, repetição e senso comum.

Em primeiro lugar, é preciso deixar claro que, do ponto de vista metodológico, quando falamos em cotidiano, não estamos nos referindo a uma instância específica da realidade social (Pais, 2003), mas de uma arma da qual nos servimos para compreender essa mesma realidade, mesmo conscientes de que as realidades não se dão a conhecer e que a multiplicidade de redes de conhecimentos e valores dos sujeitos sociais torna cada realidade um conjunto de possibilidades tão amplo quanto as leituras que delas possam ser feitas.

> Definimos o quotidiano como uma rota de conhecimento. Quer isto dizer que o quotidiano não é uma parcela isolável do social. Com efeito, o quotidiano não pode ser caçado a laço quando cavalga diante de nós na exacta medida em que o quotidiano é o laço que nos permite "levantar caça" no real social, dando nós de inteligibilidade do social. (p. 31)

Ou seja, os estudos do quotidiano não pretendem explicar essa instância e se juntar aos estudos sociais de cunho mais estruturalista como complemento ou dicotomia. Buscam, ao contrário, atingir instâncias e dimensões da realidade impossíveis de serem captadas pelos estudos do modelo social. Em linguagem habermasiana, podemos afirmar que os estudos do cotidiano buscam acessar o mundo da vida, a dimensão histórico-empírica da sociedade, enquanto os outros modos de abordagem estariam voltados à dimensão lógico-estrutural da sociedade. Já em Michel de Certeau (1994), autor identificado com os estudos do cotidiano, encontramos outra forma de abordagem, mas que acreditamos remeter à mesma convicção. Ao redefinir estratégia e tática, considerando a segunda não como um modo de organização, mas como a arte do fraco de agir no campo de ação do inimigo, aproveitando a *ocasião* que as circunstâncias oferecem e a primeira como a ação planejada por aqueles que têm o poder de fazê-lo, Certeau nos coloca diante da idéia de que as estratégias organizadoras da vida social, preconizadas pelas normas sociais (ou pelo sistema, se preferirmos) não controlam as ações dos sujeitos, que se desenvolvem de acordo com as possibilidades de cada situação cotidiana (do mundo da vida).

Os "praticantes da vida cotidiana" (CERTEAU, 1994), portanto, embora estejam inscritos em um mundo cujas regras interativas são definidas externamente, agem de modo próprio no uso que fazem dessas normas. Em outros autores, também encontramos, dito de modos variados, a mesma idéia de que a vida cotidiana não é apenas definida pelas normas e regras sociais, pelo modelo social no qual se inscreve, mas pelo que fazem dele, nele e com ele esses praticantes, os sujeitos sociais reais. Assim, o cotidiano emerge como sociologicamente relevante na medida em que é o *espaçotempo* da realidade social, portanto onde esta ocorre, se modifica, inventa seus modos de fazer, suas possibilidades de mudança. Estudar o cotidiano aparece, assim, como um eficiente, e mesmo necessário, meio para pensar a tessitura da emancipação social, aquele tipo de emancipação que não se restringe aos sujeitos individuais e à autonomia moral e intelectual individual, mas pretende ser um processo de transformação dos modos de interação entre os diferentes sujeitos, grupos, sistemas de pensamentos, de crenças e de valores, horizontalizando-os, contribuindo para a viabilização da igualdade na diferença, de relações sociais de solidariedade, de cooperação mútua.

As práticas sociais que contribuem para essa viabilização já foram desenvolvidas em muitos *espaçostempos* de prática social e invisibilizadas pela hegemonia do pensamento moderno e do seu sistema de crenças característico, que considera existentes apenas aquelas práticas e aqueles sistemas de pensamento que podem ser encaixados nos parâmetros modernos de observação, controle e organização formal da realidade concreta. No entanto, sabemos que essa realidade é complexa e "desorganizada". Nos diferentes *espaçostempos* cotidianos de prática social, entre os quais incluímos a escola, muitas práticas sociais não enquadráveis naqueles padrões e parâmetros estão em andamento, e só o "mergulho" no cotidiano permite o acesso, mesmo que parcial, a práticas que desinvisibilizam possibilidades potenciais da realidade, nela inscritas, de se tornar mais do que aquilo que já é (SANTOS, 2004).

Isso significa dizer que é impossível reduzir a vida cotidiana aos seus elementos controláveis, organizáveis e quantificáveis em função das permanências que nela encontramos, como pretendeu fazer a ciência moderna. Ela inclui enredamentos de toda sorte, incluindo-se aí certa invisibilidade de alguns de seus aspectos, causada tanto pelos processos de invisibilização do qual são "vítimas" quanto pelos limites dos que a observam (OLIVEIRA, 2007a) ou pelo fato de que "a realidade jamais se mostra como é", sendo incaptável no seu âmago por meio de simples observação (GINZBURG, 1989; PAIS, 2003).

> Existe, portanto, fora daquilo que à "ciência" é permitido organizar e definir em função de estruturas e permanências, uma vida cotidiana, com operações, atos e usos práticos, de objetos, regras e linguagens, historicamente constituídos e reconstituídos de acordo e em função de situações, de conjunturas plurais e móveis. Há "maneiras de fazer" (caminhar, ler, produzir, falar), "maneiras de utilizar" que se tecem em redes de ações reais, que não são e não poderiam ser mera repetição de uma ordem social preestabelecida e explicada no abstrato. Desse modo, podemos afirmar que a tessitura das redes de práticas sociais reais se dá através de "usos e táticas dos praticantes", que inserem na estrutura social criatividade e pluralidade, modificadores das regras e das relações entre o poder da dominação e a vida dos que a ele estão, supostamente, submetidos. E isto acontece no cotidiano. (OLIVEIRA, 2001, p. 44)

Também é fundamental compreender que a indissociabilidade reconhecida entre as diferentes formas de inserção social e o enredamento entre o conjunto das experiências, conhecimentos, crenças e valores vivenciados, leva à impossibilidade de dissociar as diferentes dimensões da vida cotidiana uma da outra. Ou seja, a vida cotidiana é complexa, enredada, e os estudos do cotidiano vêm buscando evidenciar os limites dos estudos que desconsideram essa indissociabilidade, pretendendo desenvolver estudos da realidade social por meio da escolha de alguns dos seus aspectos, considerados mais relevantes do que outros, isolando-os do conjunto no seio do qual eles tecem seus sentidos. Mais do que isso, esse enredamento permanente leva a outro desdobramento relevante, que permite a contraposição a algumas das críticas endereçadas aos estudos do cotidiano por alguns de seus principais críticos: a idéia de que os esses estudos desconsideram a totalidade social ao se debruçarem apenas sobre as experiências vividas nos diferentes *espaçostempos* sociais.

Ao entendermos a vida cotidiana como *espaçotempo* complexo, enredado, no qual o sistema social, as normas e as regras de interação social ganham sentidos diferenciados em função dos modos como os *praticantes da vida cotidiana* agem, aproveitam as ocasiões oferecidas pela realidade e usam, de modo próprio, as regras às quais estão, supostamente, submetidos. Isso significa dizer que não é possível considerar a existência de um cotidiano vivido fora das estruturas sociais, regras e valores nas quais ele se inscreve. (cf. Oliveira, 2003), mas também não parece razoável compreendê-lo fora das ações reais dos sujeitos que nele vivem. Boaventura Santos (1993) se serve de uma bela metáfora, opondo o caráter "Dom Quixote" das grandes narrativas sociológicas e o "Sancho Pança" que emerge nos estudos do cotidiano, propondo um questionamento sobre a necessidade ou não de a sociologia optar por um ou outro. E responde.

> Minha resposta é não. E se não há melhores razões para ela, que baste a fidelidade a Cervantes. Efetivamente, para Cervantes, Dom Quixote e Sancho Pança pertencem-se mutuamente, são as duas faces da mesma realidade, espanhola e européia. A face das conquistas, da expansão e do império, das grandezas a esconder misérias, e a face dos camponeses e dos pobres, da simplicidade e da exploração, das misérias a sustentar grandezas. Cervantes recusa-se a ver só uma face. Por isso, Dom Quixote não vive

> totalmente encerrado nas suas fantasias, como um herói de Kafka, já que Pança o vai trazendo (quase) à realidade. A sua loucura, que é também (quase) a nossa, é o protesto fantástico contra os limites de uma existência organizada para a mediocridade. Aderimos a ele como a Charles Chaplin, Grouxo Marx ou Cantinflas. E – por que não? – a Saint-Simon e Fourier. E aderimos tanto a ele como aderimos a Sancho Pança que, com o engenho e a arte do saber cotidiano, transforma, perante o amo em transe, a realidade da jovem camponesa na imaginação da Dulcineia. (SANTOS, 1993, p. 9)

De certo modo, a necessidade de se aprofundar as reflexões em torno da ruptura com a idéia de que cotidiano e rotina são a mesma coisa e que aquele é o *espaçotempo* do senso comum e, portanto, da ausência de reflexão política e epistemológica sobre a realidade, seus condicionantes e processos – bem como as conseqüências disso sobre a capacidade de ação política e social dos sujeitos nele imersos – é uma das inspirações de muitos dos estudos do cotidiano, em geral, e do cotidiano escolar, em particular. Daí a necessidade de avançar na compreensão do que é e do que pode representar o cotidiano, enquanto totalidade complexa na qual estão presentes e enredadas as diferentes dimensões da vida social, e os modos como os *praticantes da vida cotidiana* nela atuam, sempre de forma singular e única, em virtude do próprio dinamismo intrínseco ao viver, que traz mudanças permanentemente às redes de sujeitos, de saberes e valores e, portanto, de práticas sociais.

Com relação à questão da complexidade acima referida, e ainda no sentido de enriquecimento do debate epistemológico em torno do que é ou não o cotidiano, a superação das mutilações e fragmentações cientificistas exige que aprofundemos um pouco a discussão sobre o tema. Edgar Morin (1985) afirma que precisamos do paradigma da complexidade para superar o cientificismo e explica que a idéia de complexidade não deve ser entendida nem como receita/resposta nem como completude, mas sim como desafio e luta contra a mutilação, esclarecendo o que pretendeu ao formular a idéia.

> A ambição da complexidade é prestar contas das articulações despedaçadas pelos cortes entre disciplinas, entre categorias cognitivas e entre tipos de conhecimento [...]. Isto é, tudo se entrecruza, tudo se entrelaça para formar a unidade da complexidade; porém, a unidade do complexus não destrói a variedade e a diversidade das complexidades que o teceram. (Morin, 1995, p. 176, 177, 188)

Estamos aqui considerando, portanto, o cotidiano como realização do *complexus*, onde tudo se entrecruza e entrelaça, sem perda da variedade e da diversidade das complexidades que o tecem. E aqui percebemos o porquê da necessidade de "fidelidade a Cervantes", da qual fala o autor. Desse modo, continuamos esta apresentação nos debruçando sobre uma possível compreensão de como se dá essa articulação entre os diversos.

Recorro aqui a uma discussão que desenvolvi em texto anterior (Oliveira, 2003, p. 57-63), usando a sociologia cartográfica de Boaventura Santos (2000). Com base no texto do autor e nas referências que utiliza no estudo, podemos dizer que um mapa desenhado em pequena escala mostra pouco de uma área grande, enquanto, ao contrário, um mapa de grande escala mostra detalhadamente, divulgando muito de uma pequena área selecionada. Ou seja, pela leitura de mapas em pequena escala, conseguimos captar, em grandes linhas, a lógica geral do espaço. Metaforicamente, podemos dizer que o que captamos nos estudos da sociedade em "pequena escala" são regras e características amplas, gerais, do seu funcionamento; suas estruturas de poder, seus mecanismos de dominação e de busca de superação dela, suas grandes relações internacionais e interculturais. Contudo, por falta de acesso aos "detalhes", somos incapazes de perceber como se manifestam, nos diferentes espaços sociais, tanto esses processos de organização quanto as iniciativas pontuais de transgressão que se desenvolvem em seus interiores, os modos de fazer e de viver que os "praticantes ordinários da vida cotidiana" (Certeau, 1994) desenvolvem. Por outro lado, inscritos num pequeno território desse universo amplo, cuja lógica lhes escapa, esses praticantes, mergulhados na prática, não têm acesso direto à compreensão do universo social amplo.

Isso equivale a dizer que a pequena e a grande escalas se complementam como formas de compreensão do mundo social, permitindo, cada uma, a percepção de alguns aspectos e a ocultação de outros. São frutos de escolhas sobre o que consideramos mais ou menos relevante em cada circunstância. Como as escolhas de visibilidade que fazemos, optando pela pequena ou pela grande escala, não anulam a existência daquilo que não vemos, podemos afirmar que o cotidiano inclui, sempre e necessariamente, mesmo que de modo invisível, as normas e regras gerais sob as quais se desenvolve. Mas isso sempre se dá de modo único, imperceptível à pequena escala dos modelos, para a qual invisíveis são as formas singulares de efetivação das regras. Ou seja, partindo das regularidades e permanências captadas nos estudos globalizantes realizados por meio de "mapas em pequena escala", podemos construir os modelos, mas os modos como as realidades locais expressam as normas e as modificam pelas suas especificidades só podem ser compreendidos se "descemos" às singularidades, só perceptíveis nos "mapas em grande escala".

Estudar o desenrolar da vida cotidiana, entendendo o cotidiano como uma permanente interlocução entre as diferentes instâncias permite a recombinação entre norma/modelo e exceção, ignorada pelo cientificismo, e busca fazer falar as dimensões da vida que a modernidade emudeceu. É preciso, contudo, estarmos atentos para evitar o risco de autonomizar a vida cotidiana negligenciando-lhe os elementos intervenientes que se situam na dimensão macro da pequena escala.[6] Mergulhar na especificidade não pode e

[6] Uma das mais freqüentes acusações que o trabalho nos/dos/com os cotidianos sofre diz respeito exatamente a essa negligência e à limitação do trabalho ao relato das situações concretas sem o fazer acompanhar por uma reflexão epistemológica e/ou política. Em que pese o fato de que muitas reflexões de caráter qualitativo e local serem, às vezes, desconsideradas em sua dimensão científica, o risco é real, e deve ser evitado por aqueles que pretendem utilizar esses referenciais e formulações.

não deve representar o abandono das relações, permanentes e dinâmicas, que a realidade micro, só perceptível com o do trabalho de mergulho na grande escala, mantém com as grandes estruturas e normas sociais. Estamos, portanto, considerando os estudos do cotidiano como meio de incorporar uma nova possibilidade de compreensão da complexidade inerente ao mundo, com seus macroelementos e microelementos, indissociáveis uns dos outros.

Muitas outras reflexões sobre o cotidiano, baseadas em muitos outros autores, vêm sendo feitas por pesquisadores da área da educação e de outras, mas nos limites desse debate, creio que podemos partir para a discussão a respeito dos métodos e procedimentos de pesquisa que vimos desenvolvendo a partir dessas reflexões.

Contribuição dos estudos do cotidiano para a reflexão sobre a emancipação e o papel da educação

A existência de saberes diferentes nos seus modos de criação, existência e utilização, bem como o enredamento entre eles que leva à constituição das nossas redes de conhecimentos, pressupõe uma compreensão do ato educativo não apenas como transmissão e aquisição de conhecimentos ou como construção individual e crescente de conhecimento, mas como processo que remete a enredamentos, inter-relações, e negociações na constituição, na modificação e na consolidação dessas redes. Isso significa dizer que os estudos do cotidiano escolar, fundamentados nas reflexões advindas dos estudos mais gerais da vida cotidiana, desempenham importante papel enquanto possibilidade de compreensão da dinâmica dos processos educativos, na medida em que permitem acessar instâncias e processos complexos da realidade social/escolar não captáveis de outro modo. Isso porque, para esses estudos, além dos conteúdos escolares, muitas outras dimensões da existência dos sujeitos sociais precisam ser consideradas nos estudos sobre a escola.

Partindo do pressuposto de que os diferentes conhecimentos – incluindo as experiências cotidianas – se articulam em redes, de modo complexo e imprevisível, dentro e fora da escola, que é lócus de transmissão de conhecimentos sim, mas não apenas disso, esses estudos vêm entendendo a escola como um espaço vivo. Nele, diferentes sujeitos de conhecimentos, de desejos, de crenças e convicções, de idéias vivem plenamente, aprendendo e ensinando conteúdos, certamente, mas não só isso. Também aprendem saberes não ensinados, que circulam no *espaçotempo* escolar. Fazem amigos e escolhas pessoais, políticas e profissionais, amam e são amados, choram, riem, se divertem, sofrem, etc., imersos numa realidade social que os transcende e que, ao mesmo tempo, é por eles criada cotidianamente, impossível de ser reduzida às normas e aos modelos que as explicam formalmente.

Por isso entendemos a necessidade de trazermos para a pesquisa em educação as contribuições dos estudos do cotidiano, porque estes estão voltados para a compreensão dessa complexidade, buscando captar saberes, valores e modos de interação específicos a cada *espaçotempo* escolar, respeitando-lhe o modo de ser e com ele dialogando. O objetivo é desvendar suas formas de ser e contribuir para o desenvolvimento das possibilidades intrínsecas da realidade se tornar mais do que já é (Santos, 2004). Abdicando de explicar o que na escola se passa a partir dos referenciais dos próprios pesquisadores, ou do estudo dos processos mais ou menos eficientes de transmissão dos conteúdos de ensino, o pesquisador do cotidiano escolar enfrenta o desafio de reinventar o próprio ato de pesquisar, incorporando a ele a noção da tessitura do conhecimento em redes de múltiplos saberes, valores e crenças, as múltiplas interações sociais entre os sujeitos dessas redes com suas diferentes experiências, bem como as emoções e os valores que eles mobilizam e outras dimensões das suas existências. Tudo isso, para alguns, em busca da desinvisibilização das práticas cotidianas emancipatórias presentes em diferentes *espaçostempos* escolares.

Embora não seja um sociólogo do cotidiano, Boaventura de Sousa Santos (2004) é quem traz a formulação que melhor contempla as necessidades que percebemos na operacionalização da contribuição do que aprendemos com os estudos do cotidiano para pensar não só a educação, mas as possibilidades de descobrirmos na vida cotidiana das escolas aquilo que os estudos do cotidiano nos mostram estar lá, mas de modo invisível. Ao considerar a razão moderna como uma razão metonímica[7], que produz a invisibilidade daquilo que não se encaixa nos seus padrões e possibilidades de compreensão do real, Boaventura abre um debate fundamental aos estudos da vida cotidiana, que é a do reconhecimento da existência de práticas que não se enquadram no modelo social e do potencial dessas, uma vez desinvisibilizadas, de se multiplicar. Segundo ele, a sociologia das ausências é uma sociologia que busca desinvisibilizar as práticas sociais reais tornadas invisíveis pela modernidade em diferentes dimensões. Praticar a sociologia das ausências é, portanto, mergulhar na vida cotidiana buscando nela práticas emancipatórias reais.

A sociologia das ausências e as práticas cotidianas emancipatórias

Do ponto de vista metodológico é fácil perceber a utilidade da sociologia das ausências, dos seus procedimentos investigativos na busca das existências invisíveis dentro do campo da educação, do cotidiano escolar. Mas não é só isso. Acreditamos que essa sociologia tem também uma contribuição epistemológica fundamental.

O sistema educacional brasileiro é baseado na absolutização do saber formal como única forma de saber. Por isso, a idéia hegemônica de escolarização é a de que o objetivo da educação é elevar o aluno da cultura popular, do não-saber, da ignorância, à alta cultura, ao saber formal. Por outro lado, trata-se um sistema que entende a educação formal como instância destinada a contribuir para o progresso formando mão-de-obra competente, eficiente e eficaz. Nesse

---

[7] Que toma a parte pelo todo.

contexto, ocorre a inferiorização do diferente, discriminando aqueles que não se enquadram ou à preponderância do saber formal ou à formação de mão-de-obra. Mais ainda, é um sistema educativo que universaliza particularismos culturais e sociais, tanto na estruturação de programas e conteúdos de ensino quanto na estruturação do próprio sistema. Ou seja, as principais monoculturas percebidas por Boaventura na formulação de sua sociologia das ausências[8] estão no nosso modelo de escola. Práticas mais "ecológicas", todavia, também estão presentes nas escolas e precisam ser desinvisibilizadas.

É essa a questão epistemológica que torna a sociologia das ausências útil aos estudos do cotidiano e, particularmente, do cotidiano escolar. Ela ajuda a compreender as questões relacionadas aos conteúdos escolares e às hierarquias entre os diferentes conhecimentos que preside a organização curricular. Ajuda também a perceber como a idéia de progresso social atrelada ao progresso econômico penetra na escola por meio das preocupações com a preparação para a vida "no mercado". Permite ainda desvelar as hierarquias criadas pela generalização dos particularismos da cultura, dos modos de pensar e de estar no mundo socialmente dominantes. Mais do que tudo isso, ajuda a compreender que, apesar de dominantes e capazes de invisibilizar outras existências, o saber formal, o tempo linear, a escala global e a cultura eurocêntrica não estão sós. A vida cotidiana tem seus modos próprios de acontecer, e nela estão presentes outros conhecimentos, tempos, escalas e culturas.

É possível, a partir do diagnóstico do autor, perceber, epistemologicamente os limites daquilo que predominantemente fazemos, como estamos, de algum modo, aprisionados nessas diferentes monoculturas ou nesse modelo. E essa

---

[8] As monoculturas aqui referidas são cinco: a do saber formal, a do tempo linear, a da universalidade, a da cultura eurocêntrica e a da produção capitalista. Ao leitor interessado, sugiro a leitura de Santos 2004, 2006, e Oliveira, 2006, livro no qual estudo a obra de Boaventura.

consciência é fundamental para enfrentarmos esses limites. Se conseguimos, epistemologicamente, migrar da razão metonímica para a razão cosmopolita, expandindo o presente, a partir desse processo de desinvisibilização, torna-se possível pensar melhor aquilo que queremos pensar em termos de escola. É nesse sentido que entendemos os fundamentos epistemológicos da sociologia das ausências como prenhe de possibilidades para os estudos do cotidiano em educação. Por exemplo: de que maneira podemos pensar o conteúdo de determinadas disciplinas para além do saber formal, considerando outras formas de saber: geográfico, histórico, matemático, lingüístico e assim sucessivamente?

A sociologia das ausências traz procedimentos que permitem fazer emergir tudo aquilo que existe marginalmente, esquecido, soterrado, na vida cotidiana das escolas. Mas isso não basta.

É preciso que consigamos pensar, a partir do potencial que essas existências emancipatórias já têm, do que já existe, de que maneira podemos multiplicá-las para tornar a realidade, mais do que ela é, aquilo que ela pode ser, aquilo que ela pode vir a ser. Ou seja, o que cada um pode fazer no presente para viabilizar que o futuro seja outro que não a continuidade deste presente, a partir, evidentemente, das possibilidades do real? Ou seja, a partir daquilo que tornamos visível, praticando a sociologia das ausências, como podemos pensar a emancipação social? Onde está o emancipatório naquilo que já existe na vida cotidiana? Como fazer para multiplicá-lo, para fazer emergir as possibilidades do real ainda não realizado? Chegamos, aqui, ao que Boaventura (2004), no mesmo texto, chama de "sociologia das emergências": a inscrição no real aquilo que ele pode ser e ainda não é. Retornamos, então, à contribuição dos "cotidianistas".

Muito já aprendemos pesquisando múltiplos cotidianos escolares e buscando fazer a leitura daquilo que eles nos dizem com base nas aprendizagens que fizemos a partir dos estudos do pensamento dos diferentes autores com os quais temos dialogado, e que integram este livro.

Em primeiro lugar, já chegamos a numerosas evidências de que, para além da regulação social por via da transmissão subliminar dos valores sociais dominantes – amplamente denunciada por muitos pesquisadores em educação – existe, nas escolas, práticas educativas emancipatórias. Isso porque, em seus cotidianos, as professoras podem, e são muitas as que o fazem, levar aos seus alunos valores potencializadores de emancipação social. Sempre entendendo como provisório o conhecimento que tecemos, sentimo-nos à vontade para afirmar que, na realidade cotidiana, há sempre locais e situações onde *táticas* (Certeau, 1994) e alternativas são postas em prática de modo a minimizar os problemas vinculados às normas, o que permite afirmar a permanência de certo espaço de exercício de autonomia dos sujeitos sociais no interior das normas estruturais. Nossos estudos, por isso, buscam mais fortemente indagar os modos específicos e singulares como os sujeitos e grupos sociais – nesse caso as professoras atuando nas salas de aula – se apropriam e utilizam as regras que lhes são, aparentemente, impostas do que perceber a aplicação de modelos avaliativos do real, sempre generalizantes.

É ainda nesse sentido que entendemos ser impossível avaliar as práticas curriculares, por meio de mecanismos que essencializam e dicotomizam os fazeres, sem considerar os enredamentos e relações complexas que se estabelecem entre normas, circunstâncias, características dos grupos, das redes de *sujeitossaberesfazeres* de cada *espaçotempo* escolar pesquisado. Por isso, dizemos que os estudos formalistas não permitem captar a complexidade e a riqueza desses processos. Em nossos cotidianos, criamos misturas as mais diversas, de acordo com as possibilidades que cada situação oferece. Além disso, há misturas de saberes trazidos por alunos e professores com aqueles saberes formalmente definidos como "conteúdo curricular", modificando uns e outros e criando, portanto, novos saberes. Considerar essa imprevisibilidade e incontrolabilidade da vida cotidiana é, também, fundamental para que possamos estar preparados para encontrar o inesperado, para perceber o invisibilizado, para tecer novos e melhores entendimentos sobre as diferentes realidades escolares e com elas dialogar, em busca da formulação de mais e melhores práticas emancipatórias, entendendo as diferentes realidades como imersas em redes de saberes e de práticas que, situados para além dos muros da escola, se fazem presentes nos cotidianos escolares, por meio dos sujeitos neles presentes.

O estudo de diferentes práticas cotidianas, dos modos como professoras e professores levam para as salas de aula valores de solidariedade, de igualdade nas relações de gênero e de responsabilidade coletiva criam formas novas e apropriadas às suas turmas de abordar conteúdos e reinventar relações, busca alternativas, permite entrever a complexidade que atribuímos ao cotidiano escolar e, com ela, as possibilidades que os estudos no/do cotidiano abrem para a compreensão das práticas educativas e do potencial emancipatório que elas portam. Podemos dizer que nos seus diferentes *fazeressaberes*, muitos professores desenvolvem *táticas emancipatórias* que trazem para os diferentes cotidianos usos astuciosos das regras estabelecidas, reorganizando-as de acordo com as possibilidades inscritas em cada situação.

A pesquisa nos/dos/com os cotidianos escolares e a desinvisibilização das práticas cotidianas emancipatórias[9]

Nessa busca de desinvisibilizar práticas emancipatórias nos/dos cotidianos escolares foi necessário desenvolver formas de pesquisar que superassem a forma historicamente dominante de fazer pesquisa em educação, na qual se é a favor ou contra um modelo de escola. Muito freqüentemente, as pesquisas que pretendem criticar a forma cientificista da estruturação da escola são também cientificistas. Daí a dificuldade de se achar "boas" repostas, pois estamos

[9] Esta parte do texto é uma nova versão de trabalho apresentado em mesa redonda do VIII Encontro de pesquisa em educação da Região Sudeste, realizado na UFES, em Vitória, em maio de 2007 e publicado pela EDUFES no livro do evento (OLIVEIRA, 2007b).

perguntando errado. Essa constatação não é nova, e já inspirou incontáveis críticas e buscas de outros modos de pesquisar voltados para a vida cotidiana nas escolas e fora delas, devidamente registradas por Nilda Alves (2003). Mas mesmo aqui, como ela mesma afirma, muito dessas pesquisas e críticas ainda seguia o modelo hegemônico. Mas também havia muitas interfaces entre esses trabalhos e aquilo que hoje desenvolvemos, notadamente o de Rockwell e Ezpeleta (1986), que trazem para os estudos do cotidiano escolar a idéia, por nós abraçada, de que:

> o importante é perceber que devemos estudar as escolas em sua realidade, como elas são, sem julgamentos *a priori* de valor e, principalmente, buscando a compreensão de que o que nela se faz e se cria precisa ser visto como uma saída possível, naquele contexto, encontrada pelos sujeitos que nela trabalham, estudam e vão levar seus filhos. (p. 65)

A partir disso, e apesar de semelhanças que essa forma de pesquisar possui com outras metodologias mais conhecidas de pesquisa qualitativa, a pesquisa nos/dos/com os cotidianos desenvolveu um estatuto próprio no Brasil. Ou seja, nascida a partir de críticas às limitações de outras abordagens – e, inevitavelmente, apropriando-se de certos modos e técnicas vinculados a elas –, a pesquisa nos/dos/com os cotidianos as reinventa, cria outras possibilidades. E, em virtude da especificidade de suas bases teórico-epistemológicas, e porque não dizer de sua intencionalidade política, delas se diferencia.

Em que pesem as muitas diferenças e variações presentes na incorporação das premissas da nova epistemologia aqui apresentada, na compreensão e na aceitação das suas "conseqüências" políticas e epistemológicas, muito do que aqui está dito é compartilhado pelos pesquisadores que integram o grupo hoje já conhecido como dos "cotidianistas". Não por acaso, certamente, o questionamento da cisão entre saber formal e saberes cotidianos, teoria/prática, pensar/fazer está na base de formação dos grupos que hoje se dedicam à pesquisa nos/dos/com os cotidianos, nomenclatura que deriva do também necessário questionamento da idéia de pesquisa sobre o cotidiano.

Cabe aqui uma recuperação histórica, que não se pretende exaustiva, do desenvolvimento dessa idéia a respeito do ato de pesquisar. A partir do início dos anos 1990, e utilizando trabalhos já então publicados sobre o tema[10], as professoras Nilda Alves e Regina Leite Garcia – na época, ambas na Universidade Federal Fluminense (UFF) – e, paralelamente, a professora Corinta Geraldi, na Unicamp, foram assumindo, crescentemente, o cotidiano como *espaçotempo* privilegiado de pesquisa. O aprofundamento desses estudos, e o crescimento das pesquisas realizadas com base neles foram favorecendo o desenvolvimento do campo e deram origem ao que se faz hoje em diversos grupos espalhados pelo Brasil, dentre os quais se destacam, além dos já citados grupos da UFF e da Unicamp, grupos na UFES e na UERJ, dos quais fazem parte inúmeros pesquisadores[11] e ainda alguns que, sem se definirem como cotidianistas, incorporam e utilizam muito do conhecimento que vimos ajudando a produzir e a divulgar.

Ressalto, com veemência, que não vai aqui o reconhecimento de nenhum ato inaugural – o que trairia a própria idéia da tessitura do conhecimento em rede, sempre de acordo com as possibilidades inscritas nas redes já existentes, e pode levar à crença de que os saberes podem ser gestados a partir de idéias isoladas, de sujeitos "*melhorpensantes*". Até porque a sociologia do cotidiano era uma realidade bastante antiga, e o uso dela como fundamento de metodologias de pesquisa também não constituiria novidade (Lefebvre,

---

[10] Os grupos de pesquisa então em formação estavam já em contato com autores cotidianistas, como Lefèbvre (1974), Ezpeleta e Rockwell (*op. cit.*) ou Sonia Penin (1989).

[11] Além das já citadas pioneiras (Nilda Alves hoje atua na UERJ), temos notadamente o grupo da UFES, coordenado pelo professor Carlos Eduardo Ferraço, e um grupo sob a minha coordenação, também na UERJ. O grupo com maior número de pesquisadores, atuando em diferentes universidades, é o coordenado pela professora Regina Leite Garcia na UFF.

1991; SIMMEL, 1971; GOFFMAN, 1973; HELLER, 1972; CERTEAU, 1994; AZANHA, 1991; PAIS, 2003, entre outros). Tratava-se, portanto, de buscar aprender com esses autores e desenvolver reflexões e novas idéias a respeito do tema.

Foi então, a partir de reflexões, políticas e epistemológicas, de pesquisadoras inquietas com as cisões já citadas e com as hierarquizações por elas produzidas, que o campo se desenvolveu e cresceu. Em razão do incômodo com a desconsideração dos saberes em circulação nas escolas já então pesquisadas – criados nelas ou apenas percebidos como presenças – e da preocupação com a criação de possibilidades de não apenas explicar os problemas das escolas, suas fraquezas e impossibilidades, mas de compreendê-las nos seus fazeres e naquilo que os tornava possíveis e potencialmente aperfeiçoáveis, essas pesquisadoras começaram a pensar modos de abordá-las de modo diferente do convencional. Mesmo a nomenclatura que hoje assumimos não estava tecida na época.

Num primeiro momento, questionava-se a idéia da pesquisa "sobre" o cotidiano, entendendo-se que ela deixava transparecer uma adesão ao ideário metodológico da modernidade, de afastamento entre o pesquisador e o universo pesquisado, porque o que se pretendia era exatamente uma maior aproximação da escola e do que nela acontecia concretamente. Questionava-se, portanto, não apenas a nomenclatura, mas aquilo que ela parecia representar, e foi nessa esteira que a idéia de "mergulho" (ALVES, 2001) no real ganhou força e a preposição *do* começou a ser usada, mas mostrou-se insuficiente, e, depois de alguma reflexão – e de alguns embates, alguns engraçados –, entendemos a fragilidade dela, se usada sozinha. A questão que envolvia a necessidade de se mergulhar no cotidiano para pesquisá-lo exigia que acatássemos a evidência de que a pesquisa do cotidiano só se poderia fazer no cotidiano (ALVES; OLIVEIRA, 2001). Mais do que isso, considerando a pluralidade dos cotidianos pesquisados, percebemos a exigência do uso no plural. Ainda mais tarde, coube a Carlos Eduardo Ferraço (2003) completar o modo como hoje nos referimos a esse modo de pesquisar, formulando, a partir de uma idéia também sua, a necessidade de nos referirmos a esse tipo de pesquisa como sendo uma pesquisa com o cotidiano. Dizia ele (FERRAÇO, 2001) que só podemos entrar nas escolas para pesquisar seus universos com a humildade de quem chega para dialogar, nunca com o distanciamento de quem pretende observar para julgar. Se esse tipo de pesquisa pressupõe proximidade entre pesquisador e universo pesquisado e pretende romper com as hierarquizações derivadas das diferentes funções na pesquisa, ela deveria pressupor a integração entre ambos; a pesquisa no/do cotidiano é feita entre parceiros. Portanto, só com os cotidianos – seus sujeitos de ação, seus modos de existir e de se manifestar – podemos fazê-la.

Além dessa primeira premissa sobre a necessidade de mergulhar no cotidiano para compreendê-lo, o texto de Nilda Alves (2001) traz três outras premissas fundamentais à pesquisa nos/dos/com os cotidianos. Em segundo lugar, a autora coloca a necessidade de subversão[12] da idéia de que a "boa" pesquisa precisa ter uma sólida teoria de apoio como ponto de partida e fundamento da construção de uma verdade "em nível superior" (p. 22). Na contracorrente dessa idéia, a pesquisa nos/dos/com os cotidianos, em sua busca pelo imprevisível, pelo invisível aos olhos das teorias tomadas como verdades apriorísticas, entende as teorias como limites,[13] na medida em que apenas aquilo que comporta em seu modo de entender o mundo pode ser percebido e formulado sobre suas bases. As teorias serviriam, assim, como hipóteses cujos limites devem ser ultrapassados sempre que a vida cotidiana pesquisada nelas não couber, não

---

[12] A expressão "virar de ponta cabeça" (p. 22) pode sugerir uma mera inversão do pensamento dominante, na defesa de um seu oposto, mas os fundamentos epistemológicos que utilizamos interditam-nos a defesa desse tipo de operação teórica, pois ela nos levaria de volta à dicotomia e à formulação de um par de opostos.

[13] "Quem sabe muito aprende pouco" é a expressão que uso para evidenciar, de outra forma, mas a partir das mesmas idéias, o significado desses limites (OLIVEIRA, 2003, p. 71).

como verdades nas quais tudo o que existe deve se encaixar. Muitos aspectos da vida cotidiana têm sido negligenciados pelas pesquisas sociais por não se encaixarem nos modelos teóricos que a pretendem analisar, por não serem quantificáveis ou classificáveis (cf. OLIVEIRA, 2003, cap. 3). Na medida em que entendemos que uma teoria é contribuição, mas também limite, na busca de compreensão dos cotidianos, vamos assumir a necessidade de trabalhar com diferentes e múltiplos referenciais, buscando, em cada um, sua contribuição possível para o trabalho que se pretende fazer. À complexidade que reconhecemos no mundo, precisamos relacionar modos complexos de buscar compreendê-lo, de pesquisá-lo, de com ele dialogar e aprender. E aqui a ajuda do pensamento ginzburguiano é fundamental.

Considerando a impossibilidade de captar o real enquanto tal,[14] Ginzburg (1989) nos remete à necessidade de trabalhar sobre os indícios que ele apresenta. O problema que se coloca para a compreensão de uma realidade que é múltipla, enredada, imprevisível, singular, etc. relaciona-se, entre outras coisas, com o fato de termos hábitos e modos de pesquisar e de "fazer a leitura" dos dados que não consideram essas características. Assim, a idéia de captação e uso dos indícios que ela fornece torna-se de particular importância, na medida em que, com ela, pode-se superar a impossibilidade de se compreender tantos e tão enredados elementos, aos quais não temos acesso direto em razão de suas características e da própria realidade observada. Ler sinais, compreender por intermédio deles alguns significados daquilo que não podemos dominar de outro modo e captar neles elementos de realidade não compreensíveis quando utilizamos os meios tradicionais de pesquisa são necessidades da pesquisa nos/dos/com os cotidianos (GINZBURG, 1989, p. 143-180). A emergência do paradigma indiciário, no final

[14] "A posse do real é uma verdadeira impossibilidade e a consciência epistemológica desta impossibilidade é uma condição necessária para entendermos alguma coisa do que se passa no cotidiano (PAIS, p. 108)".

do século XIX, ainda segundo esse autor, vem de raízes bem mais antigas, do tempo em que o homem era caçador, como já vimos na primeira parte deste livro, e aprendeu a fazer, com rapidez, as operações mentais necessárias à própria sobrevivência.

Considera ainda o recurso às narrativas das fábulas como transmissoras de um "eco", mesmo que tardio e deformado, dos saberes daqueles caçadores, caracterizados pela "capacidade de, a partir de dados aparentemente negligenciáveis, remontar a uma realidade complexa não experimentável diretamente" (p. 152). É desse modo que entendo a realidade cotidiana e a possibilidade de pesquisá-la com finalidade acadêmica, para além dos seus elementos quantitativos e de inspiração formal, e por meio de "uma atitude orientada para a análise de casos individuais, reconstruíveis somente através de pistas, sintomas, indícios" (p. 154).

E com isso, chegamos ao terceiro elemento necessário à pesquisa nos/dos/com os cotidianos, que pode ser considerado semelhante ao segundo, mas é endereçado às práticas pesquisadas, e não mais às teorias que as pretendem explicar. Dos múltiplos aspectos de uma realidade social, da complexidade dela e dos enredamentos entre essas múltiplas dimensões que lhe são constitutivas, quais os elementos a serem considerados fontes de conhecimento? Todos, diz essa forma de pesquisar, formulando a idéia de que é preciso "beber em todas as fontes" (p. 26), ou seja, que tudo o que integra a vida cotidiana pesquisada deve ser considerado relevante para a pesquisa. Superar a idéia de que apenas aquilo que pode ser classificado, organizado, enquadrado serve como dado de pesquisa e mergulhar na complexidade da vida, buscando captar seu dinamismo, seus enredamentos, seus pequenos acontecimentos, torna-se meio fundamental para o encontro do imprevisível, do incontrolável, do diverso, do singular que também fazem parte da vida cotidiana, e de aprendizagem sobre o mundo.

A quarta e última premissa diz que apresentar esse tipo de pesquisa e seus resultados requer outros modos de escrever o aprendido que superem a descrição impessoal e formalista preconizada e praticada pelas pesquisas realizadas dentro do paradigma dominante. Assim, algumas formas de expressão escrita, desconsideradas pela modernidade podem ser recuperadas em suas possibilidades narrativas[15] (ver acima, Ginzburg e a questão da linguagem das fábulas). A partir de Certeau (1994), a pesquisa nos/dos/com os cotidianos vai buscar, na valorização dos modos escriturísticos próprios da literatura – dos romances e contos populares, entre outros –, apoio para a formulação e defesa de modos novos de "narrar a vida e literaturizar a ciência" (p. 29). Aprende também com Ginzburg (1989) e sua crítica do processo através do qual a ciência foi depurando seus textos dos elementos qualitativos progressivamente.

Em texto posterior, de 2004, Nilda Alves traz uma reflexão crítica a respeito dessa formulação. Aponta inicialmente como problema a sensação de ter estado excessivamente em questão no texto original, esquecendo-se, talvez, de algo fundamental, que seria a reflexão a respeito daquilo que cada praticante traz consigo ao enfrentar sua jornada de vida, citando uma bela formulação de Blake, referida por Manguel (2001, p. 22): "Como saber se cada pássaro que cruza os caminhos do ar/ não é um imenso mundo de prazer, vedado por nossos cinco sentidos?" Mas, mais do que isso, identifica como lacuna na formulação de então o fato de não ter questionado "a existência definidora, em todos os acontecimentos narrados, dos praticantes desses cotidianos". Ou seja, mais do que os movimentos da pesquisadora e da própria pesquisa, pesquisar os cotidianos requer "trabalhar os sentimentos" daqueles praticantes. Ressente-se de não ter formulado

> "aquilo que no texto estava virtualmente escrito: o que de fato interessa nas pesquisas nos/dos/com os cotidianos são

[15] Não se deve confundir a narrativa com a descrição, que se pretende uma aproximação fiel de um real preexistente à própria formulação discursiva (cf CERTEAU, 1994).

as pessoas, os praticantes, como as chama Certeau (1994) porque as vê em atos, o tempo todo".

Integra, assim, nesse texto, um quinto movimento, mas que parece assumir primazia sobre os quatro primeiros, ao assumir a centralidade das pessoas, dos praticantes da vida cotidiana em toda e qualquer pesquisa nos/dos/com os cotidianos, escolares ou não.

Para finalizar esse debate, creio ser importante assinalar que tudo o que aqui está dito é provisório – como se percebe nos dois textos de Nilda Alves. Representa o que hoje posso dizer sobre os modos como vimos pesquisando a vida cotidiana nos diferentes grupos que a isso vêm se dedicando. Isso porque, como já disse acima, essas pesquisas vêm se desenvolvendo simultaneamente ao desenvolvimento da própria metodologia de pesquisa. Fundamental, entretanto, assinalar a importância crescentemente reconhecida desses mergulhos na vida cotidiana, ao que acontece e ao que estão vivendo as pessoas para se pensar as políticas sociais, seja em relação à juventude ou outros grupos sociais.

Na mesma linha daquilo que defendemos, Pais (2003) afirma que a sociologia do cotidiano, além de uma sociologia "do efêmero, do contingente, do fugidio" (p. 65) – remetendo com isso à própria dinâmica da vida cotidiana e das "táticas de praticantes" a que Certeau se refere (CERTEAU, 1994) e à reinvenção dos modos de estar no mundo que tecemos a partir delas – é também uma sociologia da narratividade, atribuindo algumas características a este tipo de sociologia.

> Daí que as 'sociologias da narratividade' – como acontece com boa parte da sociologia da vida quotidiana – tenham uma certa aversão pelas "definições" e pelas "disciplinas", porque definir significa impor fronteiras (de disciplinas), circundar o que se pretende definir com tapumes mentais. Estas fronteiras de definição desempenham um papel crucial na construção da realidade social, pois é através das definições que as entidades sociais se tornam significantes (família, classes sociais, meios urbanos, democracia, etc). Contudo, as fronteiras são meros artefactos que não têm equivalência com a realidade julgada real. As fronteiras que

estão na base das definições, e estas mesmas, são ficções do pensamento. Enquanto as 'sociologias substancialistas' se definem pelos seus objectos, as 'sociologias narrativistas' definem-se pela sua discursividade metodológica – porque mais importante do que o mundo em si mesmo é a forma como ele é dito ou pensado. Para estas últimas, o mundo pensado e dito, o mundo relatado é o mundo por excelência. A realidade social não existe a não ser de forma interpretada. Não é um objecto que possamos ver de maneira neutra ou que nos seja dado; antes é uma estrutura semiótica construída, enquanto representação e através da interpretação. (PAIS, 2003, p. 65-66)[16]

[16] As palavras entre aspas simples estão em itálico no original.

Sem nada concluir, finalizando

O que buscamos neste livro, mais do que mostrar o que temos aprendido nesse caminho dos estudos com os cotidianos, foi trazer uma maneira de organizar esse aprendizado. Do mesmo modo que o cotidiano, que se caracteriza pelo movimento constante, nossas narrativas precisam movimentar-se, quase que magicamente, para exercitar a compreensão da vida social cotidiana e os conhecimentos todos que nela circulam. O que aqui trazemos é tão-somente uma das muitas maneiras possíveis de narrar nossos estudos, privilegiando, de um lado, a história – antiga – do cotidiano no plano epistemológico a partir das aproximações e, principalmente, dos afastamentos entre uma concepção moderna e outra pós-moderna de conhecimento, e, por outro lado, dar centralidade à questão da emancipação, no sentido mais geral, e da relação entre emancipação e educação, no sentido mais particular.

Buscamos também abrir uma conversa entre muitas possíveis, convidando cada leitor a, junto conosco, partilhar de algumas das nossas redes de conversas com pessoas que são metade deste lado do mundo, metade de outro, metade de um em cima e outra metade de um embaixo, metade latitude, metade longitude, metade bem pertinho, Sul e Norte, Leste e Oeste. São muitas pessoas espalhadas por muitas metades que têm, com a rigorosidade necessária aos estudos das compreensões da vida cotidiana, se colocado de maneira flexível e bem-humorada, elementos que julgamos importantes para que uma boa conversa aconteça.

Trouxemos também para este texto a compreensão de que uma epistemologia do cotidiano deve pautar-se num novo senso comum ético: um senso comum solidário, construído a partir das representações inacabadas da modernidade ocidental: o princípio da comunidade, com as duas dimensões (a solidariedade e a participação), e a racionalidade estético-expressiva (o prazer, a autoria e a artefactualidade discursiva) (Santos, 2000, p. 111), na busca solidária da compreensão da vida social, e não no isolamento, nas especialidades, no fracionamento. A reaproximação dos vários saberes não deve ser entendida como uma concessão que as ciências da ciência podem fazer como "resgate" de muitos anos de ruptura, mas sim como uma forma solidária e efetivamente representativa de como a vida social acontece na realidade. Ao mesmo tempo, como indica José Machado Pais, importa fazer da sociologia do quotidiano uma viagem, e não um porto (2003, p. 33) e, mais do que isso, um *espaçotempo* de produção de sentido.

A intenção deste livro é esta, principalmente: a de ser um *espaçotempo* possível para se negociarem sentidos.

REFERÊNCIAS

A seguir estão listados os artigos, livros e textos referidos neste livro (referências bibliográficas), bem como uma relação de trabalhos adicionais que podem ser úteis para a ampliação dos temas aqui tratados.

ALMEIDA, M. C. Por uma ciência que sonha. GALENO, A.; CASTRO, G.; SILVA, J. C. (Orgs.). *Complexidade à flor da pele*: ensaios sobre ciência, cultura e comunicação. São Paulo: Cortez, 2003a.

ALVES, N. A experiência da diversidade no cotidiano e suas conseqüências na formação de professoras. In: VICTORIO FILHO, A.; MONTEIRO, S. C. F. *Cultura e conhecimento de professores*. Rio de Janeiro: DP&A, 2002.

ALVES, N. Alteridade, epistemologia e cotidiano escolar. Texto apresentado em sessão especial na *XXVII Reunião anual da ANPEd*. Caxambu, out. 2004.

ALVES, N. Cultura e cotidiano escolar. *Revista Brasileira de Educação*, Rio de Janeiro/Campinas: ANPEd/Autores Associados, n. 23, p. 62-74, maio/ago. 2003b.

ALVES, N. Decifrando o pergaminho – o cotidiano das escolas nas lógicas das redes cotidianas. In: OLIVEIRA, I. B.; ALVES, N. (Orgs). *Pesquisa no/do cotidiano das escolas* – sobre redes de saberes. Rio de Janeiro: DP&A, 2001.

ALVES, N. Tecer conhecimento em rede. In: ALVES, N.; GARCIA, R. L. (Orgs). *O sentido da escola*. Rio de Janeiro: DP&A, 1999.

ALVES, N.; OLIVEIRA, I. B. *Pesquisa nos/dos/com os cotidianos das escolas: sobre redes de saberes*. Petrópolis: DP et Alii, 2008.

AZANHA, J. M. P. *Uma idéia de pesquisa educacional.* São Paulo: Edusp, 1991.

AZEVEDO, J. G. A tessitura do conhecimento em rede. In: ALVES, N.; OLIVEIRA, I. B. *Pesquisa no/do cotidiano das escolas*: sobre redes de saberes. Rio de Janeiro: DP&A, 2001.

BACHELARD, G. *A epistemologia.* Lisboa: Ed. 70. 1984a.

BACHELARD, G. A filosofia do não; O novo espírito científico; A poética do espaço. In: *Os Pensadores.* 2. ed. São Paulo: Abril Cultural, 1984b.

BACHELARD, G. *La formación del espíritu científico.* Buenos Aires: Siglo Veinteuno Editores, 1972.

BAPTISTA, A. M. *O discurso pós-moderno contra a ciência*: obscurantismo e irresponsabilidade Lisboa: Gradiva, 2002.

CASTORIADIS, C. *As encruzilhadas do labirinto.* Rio de Janeiro: Paz e Terra, 1987a. v. 1.

CASTORIADIS, C. *As encruzilhadas do labirinto.* Rio de Janeiro: Paz e Terra, 1987b. v. 2.

CERTEAU, M. de *A invenção do cotidiano* – 1. Artes de fazer. Petrópolis: Vozes, 1994.

DAMÁSIO, A. R. *O erro de Descartes:* emoção, razão e cérebro humano. 12. ed. Lisboa: Europa-América, 1995.

DELEUZE G.; GUATTARI, F. *Mil platôs* – capitalismo e esquizofrenia. (Coleção Trans). Rio de Janeiro: Ed. 34, 1995.

DIAS, S. *Lógica do acontecimento*: Deleuze e a Filosofia. Porto: Afrontamento, 1995.

DURKHEIM, E. Da divisão social do trabalho; As regras do método sociológico; As formas elementares da vida religiosa. In: *Os Pensadores.* 2. ed. São Paulo: Abril Cultural, 1983.

ELIAS, N. *A sociedade dos indivíduos.* Rio de Janeiro: Jorge Zahar Ed., 1994.

FERRAÇO, C. E. Currículos e conhecimentos em rede. In: ALVES, Nilda; GARCIA, Regina Leite (Org.). *O sentido da escola.* Rio de Janeiro: DP&A/SEPE, 1999a.

FERRAÇO, C. E. Ensaio de uma metodologia efêmera: ou sobre as várias maneiras de se sentir e inventar o cotidiano escolar. In: Oliveira, I. B. de; Alves, N. (Orgs.). *Pesquisa no/do cotidiano das escolas* – sobre redes de saberes. Rio de Janeiro: DP&A, 2001.

FERRAÇO, C. E. *Escola nua ou sobre a força e a beleza das ações cotidianas.* Tese (Doutorado em Educação) – Universidade de São Paulo, São Paulo, 1999b.

FERRAÇO, C. E. Eu caçador de mim. In: GARCIA, R. L. (Org.) *Método*: pesquisa com o cotidiano. Rio de Janeiro: DP&A, 2003.

GINZBURG, C. *Mitos, emblemas, sinais:* morfologia e história. São Paulo: Companhia das Letras, 1989.

GOFFMAN, Erving. *La mise em scène de la vie quotidienne 1*: la présentation de soi. Paris: Les éditions de Minuit, 1973.

HABERMAS, J. *Consciência moral e agir comunicativo.* Rio de Janeiro: Tempo Brasileiro, 2003.

HABERMAS, J. *La théorie de l'agir communicationnel.* Paris: Fayard, 1987.

HABERMAS, J. *Por uma reconstrução do materialismo histórico.* São Paulo: Brasiliense, 1984.

HALL, S. *A identidade cultural na pós-modernidade.* Rio de Janeiro: DP&A, 2003.

HELLER, A. *O Cotidiano e a história.* Rio de Janeiro: Paz e Terra, 1972.

HOLANDA, A. B. *Dicionário Aurélio eletrônico século XXI*: versão 1.3. São Paulo: Nova Fronteira, 1999.

KELLER, E. F. O paradoxo da subjetividade científica. In: SCHNITMAN, D. F. (Org.). Novos paradigmas, cultura e subjetividade. Porto Alegre: Artes Médicas, 1996.

LARROSA, J. Pedagogia profana: danças, piruetas e mascaradas. Porto Alegre: Contrabando, 1998.

LATOUR, B. *A esperança de Pandora.* São Paulo: EDUSC, 2002.

LATOUR, B. *Jamais fomos modernos.* Rio de Janeiro: Ed. 34, 1994.

LEKOFF, G.; JOHNSON, M. *Metáforas da vida cotidiana.* Campinas: Mercado das Letras, 2002.

LEE, R. O destino das "duas culturas": mais uma salva de tiros nas "guerras da ciência". In: SANTOS, B. S. (Org.). *Conhecimento prudente para uma vida descente*: um discurso sobre as ciências revisitado. São Paulo: Cortez, 1994.

LEFEBVRE, H. *A vida cotidiana no mundo moderno.* São Paulo: Ática, 1991.

MANGUEL. A. *Lendo imagens.* São Paulo: Companhia das Letras, 2001.

MATURANA, H. *A ontologia da realidade.* Belo Horizonte: Ed. UFMG, 1997.

MATURANA, H. *Cognição, ciência e vida cotidiana.* Belo Horizonte: Ed. UFMG, 2001.

MATURANA, H. *Emoções e linguagem na educação e na política.* Belo Horizonte: Ed. UFMG, 1998.

MOLES, A. *As ciências do impreciso.* Porto: Ed. Afrontamento, 1985.

MORIN, E. *A inteligência da complexidade.* São Paulo: Peirópolis, 2000.

MORIN, E. *Ciência com consciência.* 6. ed. Rio de Janeiro: Bertrand Brasil, 2002.

NUNES, J. A. Teoria crítica, cultura e ciência: O(s) espaço(s) e o(s) conhecimento(s) da globalização. In: SANTOS, B. S. (Org.). *A globalização e as ciências sociais.* São Paulo: Cortez, 2002.

OLIVEIRA, I. B. Certeau e as artes de fazer: as noções de uso, tática e trajetória na pesquisa em educação. In: OLIVEIRA, I. B.; ALVES, N. (Orgs.). *Pesquisa no/do cotidiano das escolas. Sobre redes de saberes.* Rio de Janeiro: DP&A, 2001.

OLIVEIRA, I. B.; SGARBI, P. Da diversidade nós gostamos, já que toda unanimidade é burra. In: *Redes culturais, diversidade e educação.* Rio de Janeiro: DP&A, 2002.

OLIVEIRA, I. B. *Currículos praticados*: entre a regulação e a emancipação. Rio de Janeiro: DP&A, 2003.

OLIVEIRA, I. B. (Org.). *Alternativas emancipatórias em currículo.* São Paulo: Cortez, 2004.

OLIVEIRA, I. B. *Boaventura & a Educação.* Belo Horizonte: Autêntica, 2006.

OLIVEIRA, I. B. Aprendendo nos/dos/com os cotidianos a ver/ler/ouvir/sentir o mundo. Educação e Sociedade, Campinas: CEDES, v. 28, n. 98, jan./abr. 2007a.

OLIVEIRA, I. B. O campo de estudos do cotidiano e sua contribuição para a pesquisa em educação. In: SCHWARTZ, C. M.; CARVALHO, J. M.; SIMÕES, R. H. S.; ARAUJO, V. C. (Orgs.) *Desafios da educação básica*: a pesquisa em educação. Vitória: EDUFES, 2007b.

PAIS, J. M. *Vida cotidiana.* Enigmas e revelações. São Paulo: Cortez, 2003.

QUINO. *Gente.* Lisboa: Publicações Dom Quixote, 1982.

ROCKWELL E.; EZPELETA, J. *Pesquisa participante.* São Paulo: Cortez, 1986.

SANTOS, B. S. *A crítica da razão indolente:* contra o desperdício da experiência. São Paulo: Cortez, 2000.

SANTOS, B. S. A queda do Angelus Novus: o fim da equação entre raízes e opções. In: *A Gramática do tempo*: para uma nova cultura política. São Paulo, Cortez, 2006.

SANTOS, B. S. *Conhecimento prudente para uma vida decente*: um discurso sobre as ciências revisitado. São Paulo: Cortez, 2004.

SANTOS, B. S. (Org.) *Democratizar a democracia*: os caminhos da democracia participativa. Rio de Janeiro: Civilização brasileira, 2002.

SANTOS, B. S. Entre Dom Quixote e Sancho Pança. *Revista Crítica de Ciências Sociais*, Sociologia do Quotidiano, Coimbra: CES, n. 37, p. 5-10, jun. 1993.

SANTOS, B. S. *Introdução a uma ciência pós-moderna.* 5. ed. Porto: Edições Afrontamento, 1998.

SANTOS, B. S. *Pela mão de Alice*: o social e o político na pós-modernidade. São Paulo: Cortez, 1995.

SANTOS, B. S. *Um discurso sobre as ciências.* Porto: Edições Afrontamento, 1989.

SGARBI, P. *Avaliações pensadassentidas a partir de uma epistemomagia do cotidiano.* Tese (Doutorado) – Universidade Estadual do Rio de Janeiro, Rio de Janeiro, 2005.

SIMMEL, G. *On individuality and social forms.* Chicago: Chicago University Press, 1971.

SIMMEL, G. *Questões fundamentais da sociologia.* Rio de Janeiro: Jorge Zahar, 2006.

TONUCCI, F. *Com olhos de criança.* Porto Alegre: Artes Médicas, 1997.

VON FOERSTER, H. Visão e conhecimento: disfunções de segunda ordem. In: SCHNITMAN, D. F. (Org.). *Novos paradigmas, cultura e subjetividade.* Porto Alegre: Artes Médicas, 1996.

Sugestões Bibliográficas

APPADURAI, A. *Anxieties of tradition in the era of globalization.* Rio de Janeiro: Unesco/UCaM, 1999.

BACKER, H. *Visual sociology, documentary photography, and photo-journalism*: It's (Almost) All a Matter of Context, Visual Sociology, v. 10, n. 1-2, p. 5-14, 2002.

BARTHES, R. *Aula*. Rio de Janeiro: Cultrix, 1978.

BAUMAN, Z. *Identidade*. Rio de Janeiro: Jorge Zahar, 2005.

BAUMAN, Z. *Modernidade e ambivalência*. Rio de Janeiro: Jorge Zahar, 1999.

BAUMAN, Z. *O Mal-estar da pós-modernidade*. Rio de Janeiro: Jorge Zahar, 1998.

BAUZER, Riva. *Crescer numa cidade grande*. Percepções de um grupo de adolescentes moradores do Rio de Janeiro. Rio de Janeiro: Nova Fronteira, 1983.

BATESON, G. *Steps to an ecology of mind*. New York: Ballentine, 1972.

BECKER, H. S. A School is a lousy place to learn anything In. In: *Doing things together*: selected papers. Illinois: Northwestern University Press, 1986.

BECKER, H. S. *Métodos de pesquisa em ciências sociais*. Rio de Janeiro: Jorge Zahar, 1993.

BECKER, H. S. *Outsiders*: studies in sociology of deviance. New York: The Free Press, 1963.

BECKER, H. S. *Sociological work*: method and substance. Chicago: Aldine, 1970.

BECKER, H. S. (Org.). *The other side*: perspectives on deviance. Nova York: The Free Press/MacMillan, 1963.

BECKER, H. S.; GEER, B.; HUGHES, E. C.; STRAUSS, A L. *Boys in white*: student culture in medical school. Chicago: Chicago University Press, 1961.

BERGER. P.; LUCKMANN, T. *The social construction of reality*: a treatise in the sociology of knowledge. New York: An Anchor Book, 1966.

BOURDIEU. P. *Contrafogos*: táticas para enfrentar a invasão neoliberal. Rio de Janeiro: Jorge Zahar, 1998.

BOURDIEU. P. *In other word*. Essay towards a reflexive sociology. Stanford: Stanford University Press, 1990.

BOURDIEU. P. *Os usos sociais da ciência*: por uma sociologia clínica do campo científico. São Paulo: INRA/UNESP, 2004.

BERMAN, M. *Tudo que é sólido desmancha no ar*: a aventura da modernidade. São Paulo: Companhia das Letras, 1996.

BOURDIEU, P.; CHAMBOREDON, J. C.; E PASSERON, J. C. A *profissão do sociólogo* – Preliminares epistemológicas. Petrópolis: Vozes, 1999.

BRANDÃO, C. R. *"Casa de escola"* – cultura camponesa e educação rural. São Paulo: CBL, 1983.

CARDOSO, R. C. L. *A aventura antropológica, teoria e pesquisa*. São Paulo: Paz e Terra, 1986.

CLIFFORD, J.; MARCUS, G. *Writing culture* – The poetics and politics of ethnography. Los Angeles: University of California Press, 1986.

COELHO, Maria C. P. *Teatro e contracultura*: um estudo de antropologia social. Rio de Janeiro: PPGAS/Museu Nacional, 1989.

COX, M. I. P.; ASSIS-PETERSON, A. A. (Orgs.). *Cenas de sala de aula*. Campinas: Mercado de Letras, 2001.

DOUGLAS, Mary. *Pureza e perigo*. Tradução de Mônica Siqueira Leite de Barros e Zilda Zakia Pinto. São Paulo: Perspectiva, 1966.

DUBY, G.; ARIÈS, P.; LADURIE, E. L.; LE GOFF, J. *História e nova história*. Lisboa: Teorema, 1986.

ELIAS, N. *A sociedade de corte*. Lisboa: Editorial Estampa, 1987.

ELIAS, N. *Mozart, sociologia de um gênio*. Rio de Janeiro: Jorge Zahar, 1995a.

ELIAS, N. *O processo civilizador*. Rio de Janeiro, Jorge Zahar, 1995b.

ELIAS, N. *Os estabelecidos e os* outsiders. Rio de Janeiro: Jorge Zahar, 2000.

FERREIRA, M. M.; AMADO, J. (Orgs.). *Usos e abusos da história oral*. Rio de Janeiro: Ed. FGV, 1996.

FOOTE WHITE, W. *Street corner society*: social structure of an italian Slum. Chicago: Chicago University Press, 1955.

FOUCAULT, M. *As palavras e as coisas*. São Paulo: Martins Fontes, 1992.

FOUCAULT, M. *Vigiar e punir*: o nascimento da prisão. Petrópolis: Vozes, 1986.

GEERTZ, C. *Nova luz sobre a antropologia*. Rio de Janeiro: Jorge Zahar, 2000.

GIDDENS, A. *As conseqüências da modernidade*. 2. ed. São Paulo: UNESP, 1997.

GIDDENS, A. *A transformação da intimidade*. São Paulo: UNESP, 1993.

GIDDENS, A. *Em defesa da sociologia*. São Paulo: UNESP, 2001.

GIDDENS, A. *Modernidade e identidade*. Rio de Janeiro: Jorge Zahar, 2000.

GIDDENS, A.; BECK, U.; LASH, S. *Modernização reflexiva*: política, tradição e estética na ordem social moderna. São Paulo: UNESP, 1995.

GINZBURG, C. *O queijo e os vermes: o cotidiano e as idéias de um moleiro perseguido pela Inquisição*. São Paulo: Companhia das Letras, 1987.

GOFFMAN, E. A carreira do doente mental. In: *Manicômios, prisões e conventos*. São Paulo: Perspectiva, 1974.

GOFFMAN, E. *A representação do eu na vida cotidiana*. Petrópolis: Vozes, 1983.

GOFFMAN, E. *Frame analysis*. New York: Harper and Row, 1974.

GOFFMAN, E. *Interaction ritual*. New York: Pantheon Books, 1967.

HABERMAS, J. *Agir comunicativo e razão destrancendentalizada*. Rio de Janeiro: Tempo Brasileiro, 2003.

HABERMAS, J. *Consciência moral e agir comunicativo*. Rio de Janeiro: Tempo Brasileiro, 1989.

HABERMAS, J. *Racionalidade e comunicação*. Lisboa: Ed. 70, 2002.

HABERMAS, J. *Técnica e ciência como ideologia*. Lisboa: Ed. 70, 2001.

HALL, S. A *identidade cultural na pós-modernidade*. 9. ed. Rio de Janeiro: DP&A, 2004.

HALL, S. The local and the global: globalization and ethnicity; Old and new identities, old and new ethnicities. In: KING, A. D. *Culture, globalization and the world-system* – Contemporary conditions for representation of identity. New York: MacMillan, 1993.

HELLER. A. *O cotidiano e a história*. 6. ed. São Paulo: Paz e Terra, 2000.

HELLER. A. *Sociologia de la vida cotidiana.* Tradução de José Francisco Ivars e Enric Pérez Nadal. Barcelona: Ediciones Peninsula, 1977.

HUGHES, E. C. Good people and dirty work. In*: The other side*: perspectives on deviance. New York: The Free Press, 1964.

HUGHES, E. C. *The sociological eye.* Chicago: Aldine, 1970.

JOAS, H. Interacionismo simbólico. In: GIDDENS, A.; TURNER, J. (Orgs.). *Teoria social hoje.* São Paulo: Unesp, 1996.

JOSGRILBERG, F. B. *Cotidiano e invenção: os espaços de Michel de Certeau.* São Paulo: Escrituras, 2005. (Ensaios Transversais).

KUSCHNIR, K. *O cotidiano da política.* Rio de Janeiro: Jorge Zahar, 2000.

LADURIE, E. L. R. *Montaillou*: cátaros e católicos numa aldeia francesa. Lisboa: Edições 70, 1975.

LEFEBVRE, H. *A vida cotidiana no mundo moderno.* São Paulo: Ática, 1991.

LE GOFF, J. *O maravilhoso e o quotidiano no ocidente medieval.* Lisboa: Edições 70, 1985.

MAINES, D. R. (Org.) *Social organization and social process*: essays in honor of Anselm Strauss. New York: Aldine de Gruyter, 1991.

MARCUS, G. *Ethnography through thick & thin.* New Jersey: Princeton University Press, 1998.

MEAD, G. H. *Mind, self and society.* New York: Basic Books, 1934

MEAD, M. *Coming of age in Samoa.* New York: Morrow, 1928.

MILLS, C. W. *A imaginação sociológica.* Rio de Janeiro: Jorge Zahar, 1965.

NETO, J. P.; FALCÃO, M. C. *Cotidiano*: conhecimento e crítica. 2. ed. São Paulo: Cortez, 1987.

REED-DANAHAY, D. *Education and identity in rural France.* Cambridge: Cambridge University Press, 1996.

SCHÜTZ, A. *The problem of social reality.* Collected papers. The Hague Martinus Nijhoff, 1962.

SPRADLEY, J. P. *Participant observation.* New York: Holt, Rinehart & Winston, 1980.

STRAUSS, A. *Espelhos e máscaras*: a busca da identidade. São Paulo: Edusp, 1999.

STRAUSS, A. Portrait and conversation. In: MAINES, D. R. (Org.). *Social organization and social process*: essays in honor of Anselm Strauss. New York: Aldine de Gruyter, 1991. p. 260-265.

VELHO, G. Anselm Strauss: indivíduo e vida social. In: STRAUSS, A. *Espelhos e máscaras*: a busca de identidade. São Paulo: Edusp, 1999.

VELHO, G. (Org.). *Individualismo e cultura* – Notas para uma antropologia da sociedade contemporânea. Rio de Janeiro: Jorge Zahar, 1981.

VELHO, G. *Nobres & anjos* – um estudo sobre tóxicos e hierarquia. Rio de Janeiro: FGV, 1998.

VELHO, O. (Org.). *O fenômeno urbano*. 4. ed. Rio de Janeiro: Guanabara, 1987.

VELHO, G. *Projeto e metamorfose* – antropologia das sociedades complexas. Rio de Janeiro: Jorge Zahar, 1994.

VELHO, G.; KUSCHNIR, K. Mediação e metamorfose. *Mana*, v. 2, n. 1, p. 97-108, 1996.

WAIZBORT, L. *As aventuras de Georg Simmel*. São Paulo: Editora 34, 2000.

WILLIS, P. *Aprendendo a ser trabalhador*: escola, resistência e reprodução social. Porto Alegre: Artes Médicas, 1991.

ZUMTHOR, P. *A Holanda no tempo de Rembrandt*. São Paulo: Companhia das Letras, 1989.

QUALQUER LIVRO DO NOSSO CATÁLOGO NÃO ENCONTRADO NAS LIVRARIAS PODE SER PEDIDO POR CARTA, FAX, TELEFONE OU PELA INTERNET.

Rua Aimorés, 981, 8º andar – Funcionários
Belo Horizonte-MG – CEP 30140-071

Tel: (31) 3222 6819
Fax: (31) 3224 6087
Televendas (gratuito): 0800 2831322

vendas@autenticaeditora.com.br
www.autenticaeditora.com.br

ESTE LIVRO FOI COMPOSTO COM TIPOGRAFIA MINION REGULAR, E IMPRESSO EM PAPEL OFF SET 75 G. NA FORMATO ARTES GRÁFICAS.
